Tastenkürzel für
Windows und Office

kurz & gut

W0180310

Tastenkürzel für
Windows und Office
kurz & gut

Michael Kolberg

O'REILLY®

Beijing · Cambridge · Farnham · Köln · Sebastopol · Tokyo

Kommentare und Fragen können Sie gerne an uns richten:
O'Reilly Verlag
Balthasarstr. 81
50670 Köln
E-Mail: kommentar@oreilly.de

Copyright der deutschen Ausgabe:
© 2014 by O'Reilly Verlag GmbH & Co. KG
1. Auflage 2014

Bibliografische Information Der Deutschen Nationalbibliothek
Die Deutsche Nationalbibliothek verzeichnet diese Publikation in der Deutschen Nationalbibliografie; detaillierte bibliografische Daten sind im Internet über *http://dnb.d-nb.de* abrufbar.

Lektorat: Imke Hirschmann
Satz: III-satz, Husby, www.drei-satz.de
Umschlaggestaltung: Michael Oreal, Köln
Produktion: Karin Driesen, Köln
Druck: fgb freiburger graphische betriebe; www.fgb.de

ISBN 978-3-95561-572-7

Dieses Buch ist auf 100% chlorfrei gebleichtem Papier gedruckt.

Inhalt

Tastenkürzel für Windows und Office – kurz & gut

Einleitung

Tastenkombinationen sind eine feine Sache. Man bekommt schnell einen direkten Zugriff auf Funktionen des Programms, die per Maus nur mühsam zu erreichen sind. Solche Kürzel können die Interaktion mit dem Computer erleichtern und bei der Arbeit mit Windows und anderen Programmen Zeit und Aufwand sparen.

In diesem Buch haben wir Ihnen – fast – alle Kombinationen zusammengestellt, die Sie für die Arbeit mit Microsoft Windows 7, 8 und 8.1 und Office 2010 und 2013 benötigen. Beachten Sie bitte die folgenden Punkte:

- In der Mehrzahl der Fälle werden Sie mehrere Tasten gleichzeitig drücken müssen. In diesem Buch ist das durch zwei oder mehrere Tasten gekennzeichnet, die durch ein Pluszeichen verbunden sind – beispielsweise `Strg`+`C`.

- In manchen Fällen müssen Sie auch Tasten direkt nacheinander drücken. Für diesen Zweck benutzen wir in diesem Buch ein Komma – beispielsweise `Alt`, `D`.

Die hier beschriebenen Tastenkombinationen beziehen sich auf das deutsche Tastaturlayout. Die Tasten anderer Tastaturlayouts stimmen möglicherweise nicht mit dem deutschen Tastaturlayout überein.

Windows

Startseite und Desktop

Mit der Taste ⊞ bei Windows 7 arbeiten

Taste	Funktion
⊞	Öffnen bzw. Schließen des Startmenüs
⊞ + Pause	Anzeigen der Systemeigenschaften
⊞ + D	Anzeigen des Desktops
⊞ + M	Minimieren aller Fenster
⇧ + ⊞ + M	Wiederherstellen minimierter Fenster auf dem Desktop
⊞ + E	Öffnen des Fensters *Computer*
⊞ + F	Suchen nach einer Datei oder einem Ordner
Strg + ⊞ + F	Suchen nach Computern (sofern sich der Rechner in einem Netzwerk befindet)
⊞ + L	Sperren des Computers oder Wechseln des Benutzers
⊞ + R	Öffnen des Dialogfeldes *Ausführen*
⊞ + T	Umschalten zwischen Taskleistensymbolen für Programme
⊞ + Zahl	Starten des Programms, das an der durch die Zahl angegebenen Position an die Taskleiste angeheftet ist bzw. Wechsel zu dem betreffenden Programm, wenn es bereits ausgeführt wird

Mit der Taste ⊞ bei Windows 7 arbeiten

⇧ + ⊞ + Zahl	Starten einer neuen Instanz des Programms, das an der durch die Zahl angegebenen Position an die Taskleiste angeheftet ist
Strg + ⊞ + Zahl	Wechseln zum letzten aktiven Fenster des Programms, das an der durch die Zahl angegebenen Position an die Taskleiste angeheftet ist
Alt + ⊞ + Zahl	Öffnen der Sprungliste für das Programm, das an der durch die Zahl angegebenen Position an die Taskleiste angeheftet ist
⊞ + ⇄	Umschalten zwischen Programmen, die auf der Taskleiste minimiert sind, mithilfe von Aero-Flip-3D
Strg + ⊞ + ⇄	Verwenden der Pfeiltasten zum Umschalten zwischen Programmen auf der Taskleiste mithilfe von Aero-Flip-3D
Strg + ⊞ + B	Wechseln zu dem Programm, von dem im Infobereich eine Meldung angezeigt wurde
⊞ + ↑	Maximieren des Fensters
⊞ + ←	Maximieren des Fensters auf der linken Seite des Bildschirms
⊞ + →	Maximieren des Fensters auf der rechten Seite des Bildschirms
⊞ + ↓	Minimieren des Fensters
⊞ + Pos1	Minimieren aller Fenster mit Ausnahme des aktiven Fensters
⊞ + ⇧ + ↑	Vergrößern des Fensters bis zum oberen und unteren Rand des Bildschirms
⊞ + ⇧ + ← oder →	Verschieben eines Fensters von einem Monitor auf einen anderen Monitor
⊞ + P	Auswählen eines Anzeigemodus für Präsentationen
⊞ + G	Umschalten zwischen Gadgets
⊞ + U	Öffnen des Centers für erleichterte Bedienung
⊞ + X	Öffnen des Windows-Mobilitätscenters

Mit der Taste ⊞ bei Windows 8 und 8.1 arbeiten

⊞ + F1	Öffnen von Windows-Hilfe und Support
⊞	Ein- oder Ausblenden des Startbildschirms

Mit der Taste ⊞ bei Windows 8 und 8.1 arbeiten

⊞ + B	Legen des Fokus auf den Infobereich
⊞ + C	Öffnen der Charms
⊞ + D	Anzeigen und Ausblenden des Desktops
⊞ + E	Öffnen von *Computer*
⊞ + F	Öffnen des Charms *Suche* und Durchsuchen von Dateien
⊞ + G	Umschalten zwischen Gadgets auf dem Desktop
⊞ + H	Öffnen des Charms *Teilen*
⊞ + I	Öffnen des Charms *Einstellungen*
⊞ + J	Wechseln zwischen der Haupt-App und der angedockten App
⊞ + K	Öffnen des Charms *Geräte*
⊞ + L	Sperren des PCs oder Wechseln der Benutzer
⊞ + M	Minimieren aller Fenster
⊞ + O	Sperren der Geräteausrtlichtung
⊞ + P	Auswählen eines Anzeigemodus für Präsentationen
⊞ + Q	Öffnen des Charms *Suche* und Durchsuchen von Apps
⊞ + R	Öffnen des Dialogfelds *Ausführen*
⊞ + T	Umschalten zwischen Apps auf der Taskleiste
⊞ + U	Öffnen des Centers für die erleichterte Bedienung
⊞ + V	Wechseln zwischen Benachrichtigungen
⊞ + ⇧ + V	Wechseln zwischen Benachrichtigungen in umgekehrter Reihenfolge
⊞ + W	Öffnen des Charms *Suche* und Durchsuchen von Einstellungen
⊞ + X	Öffnen des Menüs *Quicklink*

Das Menü *Quicklink* ist eine Art Behelfsmenü, das das Startmenü der Vorgängerversionen ersetzt. Bei Windows 8.1 finden Sie zur Anzeige dieses Menüs auch wieder eine Startschaltfläche. Der Mausnutzer kann direkt auf die Befehle darin zugreifen.

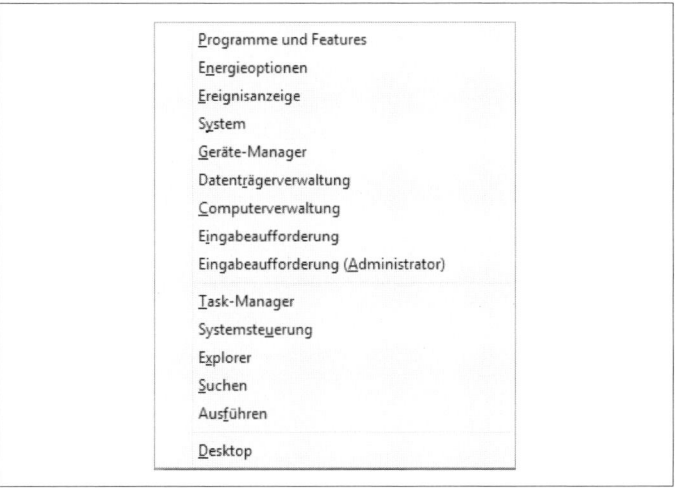

Abbildung 1: Das Menü Quicklink

Mit der Taste [⊞] bei Windows 8 und 8.1 arbeiten

[⊞] + [Z]	Anzeigen der in der App verfügbaren Befehle
[⊞] + [.]	Kurzzeitige Ansicht des Desktops
[⊞] + [Pause]	Anzeigen des Dialogfelds *Systemeigenschaften*
[⊞] + [Strg] + [F]	Suchen nach PCs (in einem Netzwerk)
[⊞] + [⇧] + [M]	Wiederherstellen minimierter Fenster auf dem Desktop
[⊞] + Zahl	Starten der Desktop-App, die an der durch die Zahl angegebenen Position an die Taskleiste angeheftet ist. Wenn die App bereits ausgeführt wird, Wechseln zu dieser App.

Mit der Taste [⊞] bei Windows 8 und 8.1 arbeiten

[⊞] + [⇧] +Zahl	Starten einer neuen Instanz der Desktop-App, die an der durch die Zahl angegebenen Position an die Taskleiste angeheftet ist
[⊞] + [Strg]+Zahl	Wechseln zum letzten aktiven Fenster der Desktop-App, die an der durch die Zahl angegebenen Position an die Taskleiste angeheftet ist
[⊞] + [Alt]+Zahl	Öffnen der Sprungliste für die Desktop-App, die an der durch die Zahl angegebenen Position an die Taskleiste angeheftet ist
[⊞] + [Strg]+[⇧]+Zahl	Öffnen einer neuen Instanz der Desktop-App, die sich an der angegebenen Position auf der Taskleiste befindet als Administrator
[⊞] + [⇄]	Umschalten zwischen geöffneten Apps (außer Desktop-Apps)
[⊞] + [Strg]+[⇄]	Umschalten zwischen geöffneten Apps (außer Desktop-Apps)und Andocken der Apps während des Umschaltens
[⊞] + [⇧]+[⇄]	Umschalten zwischen geöffneten Apps (außer Desktop-Apps)in umgekehrter Reihenfolge
[⊞] + [Strg]+[B]	Wechseln zu der App, die eine Meldung im Infobereich angezeigt hat
[⊞] + [↑]	Maximieren des Desktopfensters
[⊞] + [↓]	Minimieren des Desktopfensters
[⊞] + [←]	Maximieren des Desktopfensters auf der linken Seite des Bildschirms
[⊞] + [→]	Maximieren des Desktopfensters auf der rechten Seite des Bildschirms
[⊞] + [Pos1]	Minimieren aller Fenster außer dem aktiven Desktopfenster (beim zweiten Tastenanschlag werden alle Fenster wiederhergestellt)
[⊞] + [⇧]+[↑]	Vergrößern des Desktopfensters bis zum oberen und unteren Rand des Bildschirms

Mit der Taste [⊞] bei Windows 8 und 8.1 arbeiten

[⊞] + [⇧] + [↓]	Wiederherstellen/Minimieren der aktiven Desktopfenster vertikal, die Breite ändert sich nicht
[⊞] + [⇧] + [←] oder [⊞] + [⇧] + [→]	Verschieben eines Fensters auf dem Desktop von einem Monitor auf einen anderen Monitor
[⊞] + [Leertaste]	Wechseln der Eingabesprache und des Tastaturlayouts
[⊞] + [Strg] + [Leertaste]	Wechseln zu einer zuvor ausgewählten Eingabe
[⊞] + [↵]	Öffnen der Sprachausgabe
[⊞] + [Bild ↑]	Verschieben des Startbildschirms und der Apps auf den Monitor links (Apps auf dem Desktop werden nicht verschoben)
[⊞] + [Bild ↓]	Verschieben des Startbildschirms und der Apps auf den Monitor rechts (Apps auf dem Desktop werden nicht verschoben)
[⊞] + [⇧] + [.]	Andocken einer App links
[⊞] + [.]	Andocken einer App rechts
[⊞] + [/]	Initiieren einer IME-Zurückwandlung
[⊞] + [Alt] + [↵]	Öffnen von *Windows Media Center*
[⊞] + [+] oder [⊞] + [-]	Vergrößern oder Verkleinern mit der Bildschirmlupe
[⊞] + [Esc]	Beenden der Bildschirmlupe

Allgemeine Tastenkombinationen

[F1]	Anzeigen der Hilfe
[Strg] + [C] oder [Strg] + [Einfg]	Kopieren des ausgewählten Elements
[Strg] + [X]	Ausschneiden des ausgewählten Elements
[Strg] + [V] oder [⇧] + [Einfg]	Einfügen des ausgewählten Elements
[Strg] + [Z]	Rückgängigmachen einer Aktion
[Strg] + [Y]	Wiederholen einer Aktion

Allgemeine Tastenkombinationen

`Entf` oder `Strg`+`D`	Löschen des ausgewählten Elements und Verschieben in den Papierkorb
`⇧`+`Entf`	Löschen des ausgewählten Elements ohne vorheriges Verschieben in den Papierkorb
`F2`	Umbenennen des ausgewählten Elements
`Strg`+`→`	Verschieben des Cursors an den Anfang des nächsten Wortes
`Strg`+`←`	Verschieben des Cursors an den Anfang des vorherigen Wortes
`Strg`+`↓`	Verschieben des Cursors an den Anfang des nächsten Absatzes
`Strg`+`↑`	Verschieben des Cursors an den Anfang des vorherigen Absatzes
`Strg`+`⇧`+Pfeiltaste	Markieren eines Textblocks
`⇧`+Pfeiltaste	Auswählen mehrerer Elemente in einem Fenster oder auf dem Desktop
`Strg`+`A`	Markieren aller Elemente in einem Dokument oder Fenster oder auf dem Desktop
`F3`	Suchen nach einer Datei oder einem Ordner
`Alt`+`↵`	Anzeigen der Eigenschaften für das ausgewählte Element
`Alt`+`F4`	Schließen des aktiven Elements und/oder Beenden des aktiven Programms
`Alt`+`Leertaste`	Öffnen des Kontextmenüs für das aktive Fenster
`Strg`+`F4`	Schließen des aktiven Dokuments (in Programmen, in denen mehrere Dokumente gleichzeitig geöffnet sein können)
`Alt`+`⇆`	Wechseln zwischen geöffneten Elementen
`Strg`+`Alt`+`⇆`	Verwenden der Pfeiltasten zum Umschalten zwischen geöffneten Elementen
`Strg`+Mausrad	Ändern der Größe von Symbolen auf dem Desktop

Allgemeine Tastenkombinationen

`Alt` + `Esc`	Umschalten zwischen Elementen in der Reihenfolge, in der sie geöffnet wurden
`F6`	Umschalten zwischen Bildschirmelementen in einem Fenster oder auf dem Desktop
`F4`	Einblenden der Adressleistenliste in Windows-Explorer
`⇧` + `F10`	Anzeigen des Kontextmenüs für das ausgewählte Element
`Strg` + `Esc`	Öffnen des Startmenüs
`Alt` +unterstrichener Buchstabe	Anzeigen des entsprechenden Menüs
unterstrichener Buchstabe	Ausführen des entsprechenden Befehls im geöffneten Menü
`F10`	Aktivieren der Menüleiste im aktiven Fenster
`→`	Markieren oder Öffnen des nächsten Menüs rechts vom aktuellen Menü oder Öffnen eines Untermenüs
`←`	Markieren oder Öffnen des nächsten Menüs links vom aktuellen Menü oder Schließen eines Untermenüs
`F5` oder `Strg` + `R`	Aktualisieren des aktiven Fensters
`Alt` + `↑`	Anzeigen des Ordners auf der nächsthöheren Ebene im Windows-Explorer
`Esc`	Abbrechen der aktuellen Task
`Strg` + `⇧` + `Esc`	Öffnen des Windows Task-Manager
`⇧` beim Einlegen einer CD	Verhindern der automatischen Wiedergabe der CD
Linke `Alt` + `⇧`	Wechseln der Eingabesprache, wenn mehrere Eingabesprachen aktiviert sind
`Strg` + `⇧`	Wechseln des Tastaturlayouts, wenn mehrere Tastaturlayouts aktiviert sind

In Windows-Explorer arbeiten

`Strg`+`N`	Öffnen eines neuen Fensters
`Strg`+`W`	Schließen des aktuellen Fensters
`Strg`+`⇧`+`N`	Erstellen eines neuen Ordners
`Ende`	Anzeigen des unteren Bereichs des aktiven Fensters
`Pos1`	Anzeigen des oberen Bereichs des aktiven Fensters
`F11`	Maximieren bzw. Minimieren des aktiven Fensters
`Strg`+`.`	Drehen eines Bildes im Uhrzeigersinn
`Strg`+`,`	Drehen eines Bildes gegen den Uhrzeigersinn
`Num`+`*` auf der Zehnertastatur	Anzeigen aller untergeordneten Ordner unter dem ausgewählten Ordner
`Num`+`+` auf der Zehnertastatur	Anzeigen des Inhalts des im Navigationsbereich ausgewählten Ordners
`Num`+`-` auf der Zehnertastatur	Reduzieren des im Navigationsbereich ausgewählten Ordners
`←`	Reduzieren des im Navigationsbereich ausgewählten Ordners (sofern erweitert) oder Auswählen des übergeordneten Ordners
`Alt`+`↵`	Öffnen des Eigenschaftendialogfeldes für das ausgewählte Element
`Alt`+`P`	Anzeigen des Vorschaufensters
`Alt`+`←` oder `←`	Anzeigen des vorherigen Ordners
`→`	Erweitern des im Navigationsbereich ausgewählten Ordners (sofern reduziert) oder Auswählen des ersten Unterordners
`Alt`+`→`	Anzeigen des nächsten Ordners
`Alt`+`↑`	Anzeigen des übergeordneten Ordners
`Strg`+`⇧`+`E`	Anzeigen aller Ordner oberhalb des ausgewählten Ordners
`Strg`+Mausrad drehen	Ändern der Größe und Darstellung von Datei- und Ordnersymbolen

In Windows-Explorer arbeiten

`Alt` + `D`	Einblenden bzw. Aktivieren der Menüleiste
`Strg` + `E`	Auswählen des Suchfeldes

In der Taskleiste arbeiten

`⇧` + Klick auf eine Taskleisten-schaltfläche	Öffnen eines Programms oder einer weiteren Instanz eines Programms
`Strg` + `⇧` + Klick auf eine Taskleistenschaltfläche	Öffnen eines Programms als Administrator
`⇧` + Rechtsklick auf eine Taskleis-tenschaltfläche	Anzeigen des Fenstermenüs für das Programm
`⇧` + Rechtsklick auf eine gruppierte Taskleistenschaltfläche	Anzeigen des Fenstermenüs für die Gruppe
`Strg` + Klick auf eine gruppierte Taskleistenschaltfläche	Wechseln zwischen den Fenstern der Gruppe

In Dialogfeldern arbeiten

`Strg` + `↹`	Vorwärtsbewegen durch die Registerkarten
`Strg` + `⇧` + `↹`	Rückwärtsbewegen durch die Registerkarten
`↹`	Vorwärtsbewegen durch die Optionen
`⇧` + `↹`	Rückwärtsbewegen durch die Optionen
Pfeiltasten	Bewegen durch die Optionen in einer ausgewählten Liste oder zwischen Optionen in einer Optionsgruppe
`Leertaste`	Ausführen der Aktion, die der ausgewählten Schaltflä-che zugewiesen ist; Aktivieren oder Deaktivieren des ausgewählten Kontrollkästchens
`Alt` + unterstrichener Buchstabe einer Option	Auswählen einer Option; Aktivieren oder Deaktivieren eines Kontrollkästchens; Ausführen der Aktion, die der ausgewählten Schaltfläche zugewiesen ist
`Alt` + `↓`	Öffnen einer ausgewählten Dropdownliste
Erster Buchstabe einer Option in einer Dropdownliste	Auswählen einer Option aus einer Dropdownliste

In Dialogfeldern arbeiten

Esc	Schließen einer ausgewählten Dropdownliste; Abbrechen eines Befehls; Schließen eines Dialogfeldes
↵	Ausführen der Aktion, die der ausgewählten Schaltfläche zugewiesen ist

In Eingabefeldern navigieren und markieren

Pos1	Bewegen zum Anfang des Eintrags
Ende	Bewegen zum Ende des Eintrags
← oder →	Bewegen um ein Zeichen nach links bzw. nach rechts
Strg + ←	Bewegen um ein Wort nach links
Strg + →	Bewegen um ein Wort nach rechts
⇧ + ←	Markieren oder Aufheben der Markierung eines Zeichens links vom Cursor
⇧ + →	Markieren oder Aufheben der Markierung eines Zeichens rechts vom Cursor
Strg + ⇧ + ←	Markieren oder Aufheben der Markierung eines Wortes links vom Cursor
Strg + ⇧ + →	Markieren oder Aufheben der Markierung eines Wortes rechts vom Cursor
⇧ + Pos1	Markieren von der aktuellen Cursorposition bis zum Beginn des Eintrags
⇧ + Ende	Markieren von der aktuellen Cursorposition bis zum Ende des Eintrags

Erleichterte Bedienung

Rechte ⇧ acht Sekunden lang drücken	Aktivieren bzw. Deaktivieren der Anschlagverzögerung
Linke Alt + linke ⇧ + Druck	Aktivieren bzw. Deaktivieren des hohen Kontrasts
Linke Alt + linke ⇧ + Num	Aktivieren bzw. Deaktivieren der Tastaturmaus
⇧ fünfmal drücken	Aktivieren bzw. Deaktivieren der Einrastfunktion

Erleichterte Bedienung

Num fünf Sekunden lang drücken	Aktivieren bzw. Deaktivieren der Umschalttasten
⊞ + U	Öffnen des Centers für erleichterte Bedienung

Mit der Bildschirmlupe arbeiten

⊞ + + oder ⊞ + −	Vergrößern oder Verkleinern
Strg + Alt + Leertaste	Vorschau des Desktops im Vollbildmodus
Strg + Alt + F	Wechseln in den Vollbildmodus
Strg + Alt + L	Wechseln in den Lupenmodus
Strg + Alt + D	Wechseln in den Andockmodus
Strg + Alt + I	Umkehren der Farben
Strg + Alt + Pfeiltasten	Schwenken in die Richtung der Pfeiltasten
Strg + Alt + R	Ändern der Lupengröße
⊞ + Esc	Beenden der Bildschirmlupe

Im Fenster »Windows-Hilfe und Support« arbeiten

Alt + C	Anzeige des Inhaltsverzeichnisses
Alt + N	Anzeigen des Menüs zur Schaltfläche Onlinehilfe
F10	Anzeigen des Menüs Optionen
Alt + ←	Zurück zum vorher angezeigten Thema
Alt + →	Vorwärts zum nächsten – zuvor angezeigten – Thema
Alt + M	Anzeigen der Kundensupportseite
Alt + Pos1	Anzeigen der Startseite
Pos1	Wechseln zum Anfang eines Themas
Ende	Wechseln zum Ende eines Themas
Strg + F	Suchen im aktuellen Thema
Strg + P	Drucken eines Themas
F3	Verschieben des Cursors in das Suchfeld

Mit Programmen arbeiten

Programme vom Desktop aus öffnen

Sie können Programme über eine von Ihnen festgelegte Taste in Kombination mit [Strg]+[Alt] starten.

- Erstellen Sie zunächst eine Verknüpfung für das Programm, dem Sie eine Tastenkombination zuweisen möchten (*Senden an/Desktop (Verknüpfung erstellen)* im Kontextmenü zum Programmnamen wählen).

- Klicken Sie mit der rechten Maustaste auf das Verknüpfungssymbol und anschließend auf *Eigenschaften*.

- Klicken Sie auf der Registerkarte *Verknüpfung* in das Feld *Tastenkombination*, drücken Sie die Taste, die Sie in Kombination mit [Strg]+[Alt] verwenden möchten, und klicken Sie abschließend auf *OK*.

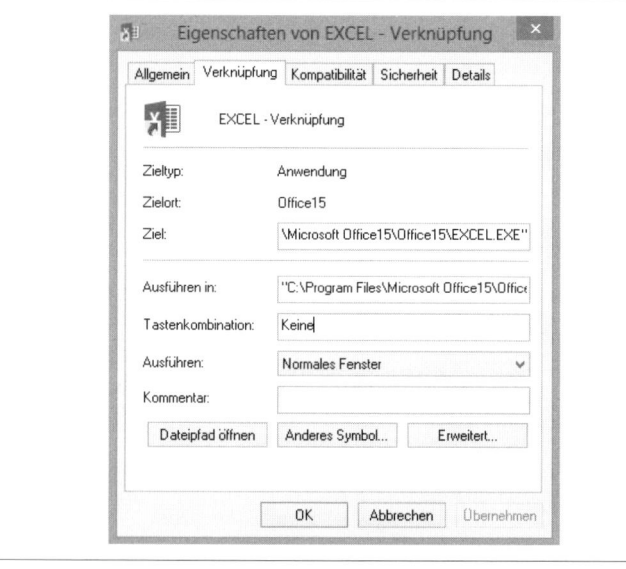

Abbildung 2: Eine Tastenkombination zum Starten eines Programms festlegen

Die Tasten ⎋[Esc], ⭾[⇆], [Druck], [↵], [Leertaste], [⇧] oder [←] können nicht verwendet werden, um eine Tastenkombination mit [Strg]+[Alt] zu erstellen.

Mit Programmfenstern arbeiten

[Alt]+[⇆], [⇆]	Wechseln zum nächsten Fenster
[Alt]+[⇧]+[⇆]	Wechseln zum vorherigen Fenster
[Strg]+[W] oder [Strg]+[F4] oder [Alt]+[F4]	Schließen des aktiven Fensters
[Alt]+[F5]	Wiederherstellen der Größe des aktiven Fensters, nachdem es maximiert wurde
[F6]	Wechseln von einem Bereich im Programmfenster zu einem anderen (im Uhrzeigersinn)
[⇧]+[F6]	Wechseln von einem Bereich im Programmfenster zu einem anderen (gegen den Uhrzeigersinn)
[Strg]+[F6]	Wechseln zum nächsten Fenster, wenn mehr als ein Fenster geöffnet ist
[Strg]+[⇧]+[F6]	Wechseln zum vorherigen Fenster
[Strg]+[F10]	Maximieren oder Wiederherstellen eines ausgewählten Fensters
[Druck]	Kopieren einer Bildschirmabbildung in die Zwischenablage
[Alt]+[Druck]	Kopieren des ausgewählten Fensters in die Zwischenablage

Auf das Menüband zugreifen

Programme mit einem Menüband – wie Paint, WordPad und die Office-Programme – verfügen über neue Tastenkombinationen, sogenannte Zugriffstasten, mit denen Sie auf die Elemente im Menüband via Tastatur zugreifen können.

* Drücken Sie die [Alt], um die Zugriffstasteninfos anzuzeigen (siehe Abbildung 3).

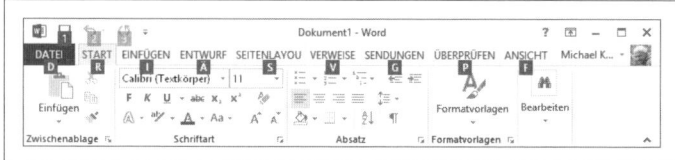

Abbildung 3: Die Zugriffstasteninfos auf der ersten Ebene einblenden

- Drücken Sie den Buchstaben, der in der Zugriffstasteninfo für das Feature angezeigt wird, das Sie verwenden möchten. Je nach dem Buchstaben, den Sie drücken, werden meist zusätzliche Zugriffstasteninfos angezeigt.

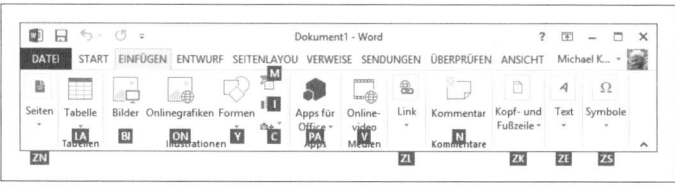

Abbildung 4: Die Zugriffstasteninfos auf der zweiten Ebene einblenden

- Arbeiten Sie sich durch die Zugriffstasten, bis Sie den Buchstaben des Befehls oder Steuerelements drücken, den bzw. das Sie verwenden möchten. In manchen Fällen müssen Sie zuerst den Buchstaben der Gruppe drücken, die den Befehl enthält.
- Drücken Sie [Alt], um die Aktion abzubrechen und die Zugriffstasteninfos auszublenden.

Den Tastaturfokus im Menüband ändern

[Alt] oder [F10]	Auswählen der aktiven Registerkarte im Menüband und Aktivieren der Zugriffstasteninfos
[F10], [←] oder [F10], [→]	Wechseln zu einer anderen Registerkarte im Menüband
[Strg]+[F1]	Reduzieren oder Erweitern des Menübands
[⇧]+[F10]	Anzeigen des Kontextmenüs für das ausgewählte Element

Den Tastaturfokus im Menüband ändern

F6	Wechseln des Fokus zwischen verschiedenen Bereichen des Fensters
⇆ oder ⇧ + ⇆	Verschieben des Fokus vorwärts bzw. rückwärts zu den Befehlen und Optionen im Menüband
↓ oder ↑ oder ← oder →	Wechseln nach unten, oben, links bzw. rechts zwischen den Elementen im Menüband
Leertaste oder ↵	Aktivieren des ausgewählten Befehls oder Steuerelements im Menüband
Leertaste oder ↵	Öffnen des ausgewählten Dropdownmenüs oder Katalogs im Menüband
↵	Aktivieren eines Befehls oder Steuerelements im Menüband zum Ändern eines Wertes
↵	Beenden der Änderung eines Wertes in einem Steuerelement im Menüband und Verschieben des Fokus zurück zum Dokument
F1	Anzeigen der Hilfe für den ausgewählten Befehl oder das ausgewählte Steuerelement im Menüband

Paint

Strg + N	Erstellen eines neuen Bildes
Strg + O	Öffnen eines vorhandenen Bildes
Strg + S	Speichern von Änderungen am Bild
F12	Speichern des Bildes als neue Datei
Strg + P	Drucken des Bildes
Alt + F4	Schließen des Bildes und des zugehörigen Paint-Fensters
Strg + Z	Rückgängigmachen einer Änderung
Strg + Y	Wiederholen einer Änderung
Strg + A	Auswählen des gesamten Bildes
Strg + X	Ausschneiden der Auswahl
Strg + C	Kopieren der Auswahl in die Zwischenablage

Paint

`Strg` + `V`	Einfügen des Inhalts der Zwischenablage
`→`	Verschieben der Auswahl oder der aktiven Form um ein Pixel nach rechts
`←`	Verschieben der Auswahl oder der aktiven Form um ein Pixel nach links
`↓`	Verschieben der Auswahl oder der aktiven Form um ein Pixel nach unten
`↑`	Verschieben der Auswahl oder der aktiven Form um ein Pixel nach oben
`Esc`	Aufheben der Auswahl
`Entf`	Löschen der Auswahl
`Strg` + `B`	Anwenden von Fettformatierung auf den ausgewählten Text
`Strg` + `+`	Vergrößern der Stärke eines Pinsels, einer Linie oder eines Formenumrisses um ein Pixel
`Strg` + `-`	Reduzieren der Stärke eines Pinsels, einer Linie oder eines Formenumrisses um ein Pixel
`Strg` + `I`	Anwenden von Kursivformatierung auf den ausgewählten Text
`Strg` + `U`	Unterstreichen des ausgewählten Texts
`Strg` + `E`	Öffnen des Dialogfeldes *Eigenschaften*
`Strg` + `W`	Öffnen des Dialogfeldes *Größe ändern/Zerren*
`Strg` + `Bild ↑`	Vergrößern der Darstellung
`Strg` + `Bild ↓`	Verkleinern der Darstellung
`F11`	Anzeigen eines Bildes im Vollbildmodus
`Strg` + `R`	Ein- bzw. Ausblenden des Lineals
`Strg` + `G`	Ein- bzw. Ausblenden von Gitternetzlinien
`F10` oder `Alt`	Anzeigen der Zugriffstasteninfos im Menüband
`⇧` + `F10`	Anzeigen des aktuellen Kontextmenüs
`F1`	Öffnen der Hilfe zu Paint

WordPad

Strg + N	Erstellen eines neuen Dokuments
Strg + O	Öffnen eines vorhandenen Dokuments
Strg + S	Speichern von Änderungen am Dokument
F12	Speichern des Dokuments als neue Datei
Strg + P	Drucken des Dokuments
Alt + F4	Schließen von WordPad
Strg + Z	Rückgängigmachen einer Änderung
Strg + Y	Wiederholen einer Änderung
Strg + A	Auswählen des ganzen Dokuments
Strg + X	Ausschneiden der Auswahl
Strg + C	Kopieren der Auswahl in die Zwischenablage
Strg + V	Einfügen des Inhalts der Zwischenablage
Strg + B	Anwenden von Fettformatierung auf den ausgewählten Text
Strg + I	Anwenden von Kursivformatierung auf den ausgewählten Text
Strg + U	Unterstreichen des ausgewählten Texts
Strg + +	Tiefstellen des ausgewählten Texts
Strg + ⇧ + +	Hochstellen des ausgewählten Texts
Strg + L	Linksbündiges Ausrichten von Text
Strg + E	Zentrieren von Text
Strg + R	Rechtsbündiges Ausrichten von Text
Strg + J	Ausrichten von Text im Blocksatz
Strg + 1	Festlegen des Zeilenabstands auf eine Zeile
Strg + 2	Festlegen des Zeilenabstands auf zwei Zeilen
Strg + 5	Festlegen des Zeilenabstands auf 1,5 Zeilen
Strg + ⇧ + A	Ändern der Zeichen zu Großschreibung
Strg + ⇧ + L	Ändern der Aufzählungszeichen
Strg + D	Einfügen einer Paint-Zeichnung

WordPad

Tastenkombination	Beschreibung
Strg + F	Suchen von Text im Dokument
F3	Suchen der nächsten Instanz des im Suchdialogfeld angegebenen Texts
Strg + H	Ersetzen von Text in einem Dokument
Strg + ←	Bewegen des Cursors um ein Wort nach links
Strg + →	Bewegen des Cursors um ein Wort nach rechts
Strg + ↑	Bewegen des Cursors in die Zeile darüber
Strg + ↓	Bewegen des Cursors in die Zeile darunter
Strg + Pos1	Wechseln zum Dokumentanfang
Strg + Ende	Wechseln zum Dokumentende
Strg + Bild ↑	Wechseln um eine Seite nach oben
Strg + Bild ↓	Wechseln um eine Seite nach unten
Strg + Entf	Löschen des nächsten Wortes
F10	Anzeigen der Zugriffstasteninfos im Menüband
⇧ + F10	Anzeigen des Kontextmenüs zum ausgewählten Element
F1	Öffnen der Hilfe zu WordPad

Rechner

Allgemein

Tastenkombination	Beschreibung
Alt + 1	Umschalten in den Standardmodus
Alt + 2	Umschalten in den wissenschaftlichen Modus
Alt + 3	Umschalten in den Programmierermodus
Alt + 4	Umschalten in den Statistikmodus
Strg + E	Öffnen der Datumsberechnung
Strg + H	Ein- oder Ausblenden des Berechnungsverlaufs
Strg + U	Öffnen der Einheitenumrechnung
Alt + C	Berechnen oder Lösen von Datumsberechnungen und Arbeitsblättern

Allgemein

Taste	Funktion
Strg + 4	Umschalten in den Basismodus
F1	Öffnen der Hilfe zum Rechner
Strg + Q	Verwenden der Taste M-
Strg + P	Verwenden der Taste M+
Strg + M	Verwenden der Taste MS
Strg + R	Verwenden der Taste MR
Strg + L	Verwenden der Taste MC
%	Verwenden der Taste %
F9	Verwenden der Taste +/-
/	Verwenden der Taste /
*	Verwenden der Taste *
+	Verwenden der Taste +
-	Verwenden der Taste -
R	Verwenden der Taste 1/x
@	Verwenden der Wurzeltaste
0 bis 9	Verwenden der Zahlentasten (0 bis 9)
=	Verwenden der Taste =
.	Verwenden der Taste ,
←	Verwenden der Taste für die Rücktaste
Esc	Verwenden der Taste C
Entf	Verwenden der Taste CE
Strg + ⇧ + D	Löschen des Berechnungsverlaufs
F2	Bearbeiten des Berechnungsverlaufs
↑	Navigation nach oben im Berechnungsverlauf
↓	Navigation nach unten im Berechnungsverlauf
Esc	Abbrechen der Bearbeitung des Berechnungsverlaufs
↵	Neuberechnen des Berechnungsverlaufs nach der Bearbeitung

Wissenschaftlicher Modus

F3	Auswählen der Option *Deg*
F4	Auswählen der Option *Rad*
F5	Auswählen der Option *Grad*
I	Verwenden der Taste *Inv*
D	Verwenden der Taste *Mod*
Strg + S	Verwenden der Taste *sinh*
Strg + O	Verwenden der Taste *cosh*
Strg + T	Verwenden der Taste *tanh*
(	Verwenden der Taste *(*
)	Verwenden der Taste *)*
N	Verwenden der Taste *ln*
;	Verwenden der Taste *Int*
S	Verwenden der Taste *sin*
O	Verwenden der Taste *cos*
T	Verwenden der Taste *tan*
M	Verwenden der Taste *dms*
P	Verwenden der *Pi*-Taste
V	Verwenden der Taste *F-E*
X	Verwenden der Taste *Exp*
Q	Verwenden der Taste x^2
Y	Verwenden der Taste x^y
#	Verwenden der Taste x^3
L	Verwenden der Taste *log*
!	Verwenden der Taste *n!*
Strg + Y	Verwenden der Taste $^y\sqrt{x}$
Strg + B	Verwenden der Taste $^3\sqrt{x}$
Strg + G	Verwenden der Taste 10^x

Programmierermodus

`F5`	Auswählen der Option *Hex*
`F6`	Auswählen der Option *Dez*
`F7`	Auswählen der Option *Okt*
`F8`	Auswählen der Option *Bin*
`F12`	Auswählen der Option *Qword*
`F2`	Auswählen der Option *Dword*
`F3`	Auswählen der Option *Word*
`F4`	Auswählen der Option *Byte*
`K`	Verwenden der Taste *RoR*
`J`	Verwenden der Taste *RoL*
`<`	Verwenden der Taste *Lsh*
`>`	Verwenden der Taste *Rsh*
`%`	Verwenden der Taste *Mod*
`(`	Verwenden der Taste *(*
`)`	Verwenden der Taste *)*
`|`	Verwenden der Taste *Or*
`^`	Verwenden der Taste *Xor*
`~`	Verwenden der Taste *Not*
`&`	Verwenden der Taste *And*
`A` bis `F`	Verwenden der Tasten *A* bis *F*
`Leertaste`	Umschalten des Bitwertes

Statistikmodus

`A`	Verwenden der Taste für den Mittelwert
`Strg`+`A`	Verwenden der Taste für den Mittelwert der Quadrate
`S`	Verwenden der Taste für die Summe
`Strg`+`S`	Verwenden der Taste für die Summe der Quadrate

Statistikmodus

T	Verwenden der Taste für die Standardabweichung
Strg + T	Verwenden der Taste für die Standardabweichung der Auffüllung
D	Verwenden der Taste *CAD*

Media Center

Audiofunktionen steuern

F8	Stummschalten oder Aufheben der Stummschaltung
F9	Verringerung der Lautstärke
F10	Erhöhen der Lautstärke
Strg + M	Wechseln zur Seite *Musikbibliothek*
Strg + ⬆ + P	Wiedergeben von Musiktiteln
Strg + ⬆ + S	Beenden der Wiedergabe eines Musiktitels
Strg + P	Anhalten bzw. Fortsetzen der Wiedergabe eines Musiktitels
Strg + B	Wechseln zum Anfang des aktuellen Musiktitels
Strg + F	Wechseln zum nächsten Musiktitel
Strg + ⬆ + F	Schneller Vorlauf
Strg + R	Kopieren einer CD
Strg + D	Anzeigen eines Kontextmenüs

TV-Sendungen ansehen und aufzeichnen

Strg + O	Wechseln zu aufgezeichneten TV-Programmen
Strg + G	Wechseln zu TV-Programm
Strg + T	Wechseln zu live ausgestrahlten TV-Programmen
Strg + ⬆ + Z	Ändern des Bildschirmseitenverhältnisses (Zoom)
Strg + R	Aufzeichnen einer TV-Sendung
Strg + P	Anhalten bzw. Fortsetzen einer live ausgestrahlten oder einer aufgezeichneten TV-Sendung

TV-Sendungen ansehen und aufzeichnen

`Strg` + `⇧` + `S`	Stoppen der Aufzeichnung oder der Wiedergabe einer TV-Sendung
`Strg` + `⇧` + `P`	Fortsetzen der Wiedergabe einer TV-Sendung
`Strg` + `⇧` + `B`	Rücklauf für live ausgestrahlte oder aufgezeichnete TV-Sendungen
`Strg` + `⇧` + `F`	Schneller Vorlauf für live ausgestrahlte oder aufgezeichnete TV-Sendungen
`Strg` + `B`	Rückwärts springen
`Strg` + `F`	Vorwärts springen
`Strg` + `D`	Anzeigen des Kontextmenüs
`Bild ↑`	Wechseln zum nächsten Kanal
`Bild ↓`	Wechseln zum vorherigen Kanal

Bilder anzeigen

`Strg` + `I`	Wechseln zu Bildern
`↵`	Vergrößern des Bildes
`Strg` + `⇧` + `P`	Wiedergeben einer Diashow
`Strg` + `⇧` + `S`	Beenden der Diashow
`Strg` + `P`	Anhalten bzw. Fortsetzen der Diashow
`↑` oder `←`	Zurück zum vorigen Bild
`↓` oder `→`	Vorwärts zum nächsten Bild
`Strg` + `D`	Anzeigen des Kontextmenüs

Videos wiedergeben

`Strg` + `E`	Wechseln zu Videos
`Strg` + `⇧` + `P`	Wiedergeben eines Videos
`Strg` + `P`	Anhalten bzw. Fortsetzen des Videos
`Strg` + `⇧` + `S`	Beenden der Wiedergabe des Videos
`Strg` + `⇧` + `B`	Zurückspulen des Videos

Videos wiedergeben

Strg + ⇧ + F	Schneller Vorlauf
Strg + B	Rückwärts springen
Strg + F	Vorwärts springen
Strg + ⇧ + Z	Ändern des Bildschirmseitenverhältnisses (Zoom)

DVDs wiedergeben

Strg + ⇧ + M	Wechseln zum DVD-Menü
Strg + ⇧ + P	Wiedergeben der DVD
Strg + P	Anhalten bzw. Fortsetzen der DVD
Strg + ⇧ + S	Beenden der Wiedergabe der DVD
Strg + ⇧ + B	Rücklauf
Strg + ⇧ + F	Schneller Vorlauf
Strg + B	Wechseln zum vorigen Kapitel
Strg + F	Wechseln zum nächsten Kapitel
Strg + ⇧ + Z	Ändern des Bildschirmseitenverhältnisses (Zoom)
Strg + ⇧ + A	Ändern der DVD-Audioauswahl

Windows Media Player

Alt + 1	Videodarstellungsgröße *50 %*
Alt + 2	Videodarstellungsgröße *100 %*
Alt + 3	Videodarstellungsgröße *200 %*
Alt + ↵	Ein- bzw. Ausschalten des Vollbildmodus für Video
Alt + ←	Schrittweise zurück durch die letzten Ansichten im Player
Alt + →	Schrittweise vorwärts durch die letzten Ansichten im Player
Strg + 1	Wechseln zur Ansicht *Bibliothek*
Strg + 2	Wechseln zur Ansicht *Design*
Strg + 3	Wechseln zur Ansicht *Aktuelle Wiedergabe*

Windows Media Player

`Strg` + `7`	Hinzufügen zur Wiedergabeliste
`Strg` + `8`	Hinzufügen zur Brennliste
`Strg` + `9`	Hinzufügen zur Synchronisierungsliste
`Strg` + `A`	Auswählen aller Elemente im Listenbereich
`Strg` + `B`	Vorheriges Element in der Liste oder Kapitel
`Strg` + `E`	Bewegen des Cursors in das Suchfeld in der Player-Bibliothek
`Strg` + `F`	Nächstes Element in Liste oder Kapitel
`Strg` + `H`	Ein- bzw. Ausschalten der zufälligen Wiedergabe
`Strg` + `J`	Auswerfen der CD oder DVD
`Strg` + `M`	Ein- bzw. Ausblenden der Menüleiste in der Player-Bibliothek
`Strg` + `N`	Erstellen einer neuen Wiedergabeliste
`Strg` + `O`	Öffnen einer Mediendatei
`Strg` + `P`	Starten bzw. Anhalten der Wiedergabe
`Strg` + `S`	Beenden der Wiedergabe
`Strg` + `T`	Aktivieren oder Deaktivieren der Wiederholung
`Strg` + `U`	Angeben einer URL oder eines Pfades zu einer Mediendatei
`Strg` + `W`	Schließen oder Beenden der Wiedergabe einer Mediendatei
`Strg` + `←`	Vorherige Wiedergabeliste
`Strg` + `→`	Nächste Wiedergabeliste
`Strg` + `⇧` + `B`	Zum Anfang des Videos
`Strg` + `⇧` + `C`	Ein- bzw. Ausschalten von Untertiteln
`Strg` + `⇧` + `F`	Schneller Vorlauf in Mediendateien
`Strg` + `⇧` + `G`	Wiedergeben mit schneller Geschwindigkeit
`Strg` + `⇧` + `N`	Wiedergeben mit Normalgeschwindigkeit
`Strg` + `⇧` + `S`	Wiedergeben mit langsamer Geschwindigkeit
`F1`	Anzeigen der Hilfe zu Windows Media Player
`F2`	Bearbeiten von Medieninformationen des in der Player-Bibliothek ausgewählten Elements

Windows Media Player

F4	Wechseln der Ansicht von Elementen im Detailbereich
F6	Vergrößern der Albumcover
⇧ + F6	Verkleinern der Albumcover
F7	Stummschalten der Lautstärke
F8	Verringern der Lautstärke
F9	Erhöhen der Lautstärke
F10	Einblenden der Menüleiste in der Player-Bibliothek
⇧ + F10	Anzeigen des Kontextmenüs zum ausgewählten Element

Weitere wichtige Windows 8-Apps

Kalender-App

Strg + 1	Anzeigen der *Tagesansicht*
Strg + 2	Anzeigen der *Wochenansicht*
Strg + 3	Anzeigen der *Monatsansicht*
Strg + T	Gehe zu Heute
Strg + N	Erstellen eines neuen Ereignisses
Bild ↑	In der *Monatsansicht*: Wechseln zum vorherigen Monat In der *Wochenansicht*: Wechseln zur vorherigen Woche In der *Tagesansicht*: Wechseln zum vorherigen Tag
Strg + H	In der *Monatsansicht*: Wechseln zum vorherigen Monat In der *Wochenansicht*: Wechseln zur vorherigen Woche In der *Tagesansicht*: Wechseln zum vorherigen Tag
Bild ↓	In der *Monatsansicht*: Wechseln zum nächsten Monat In der *Wochenansicht*: Wechseln zur nächsten Woche In der *Tagesansicht*: Wechseln zum nächsten Tag
Strg + J	In der *Monatsansicht*: Wechseln zum nächsten Monat In der *Wochenansicht*: Wechseln zur nächsten Woche In der *Tagesansicht*: Wechseln zum nächsten Tag
→	In einer Ansicht: Wechseln zum nächsten Tag

Kalender-App

`←`	In einer Ansicht: Wechseln zum vorherigen Tag
`↓`	In einer Ansicht: Wechseln zur nächsten Stunde
`↑`	In einer Ansicht: Wechseln zur vorherigen Stunde
`Esc`	Zurück
`Strg` + `S`	Speichern oder Senden des Ereignisses
`Strg` + `P`, `↑` und `↓` zum Auswählen verwenden	Antworten auf ein Ereignis
`Strg` + `D`	Löschen eines Ereignisses

Mail-App

`Strg` + `R`	Antworten
`Strg` + `⇧` + `R`	Allen antworten
`Strg` + `F`	Weiterleiten
`Strg` + `M`	Verschieben von Elementen in einen anderen Ordner
`Strg` + `⇧` + `F`	Ordnerbereich ein- oder ausblenden
`Strg` + `⇧` + `A`	Kontobereich ein- oder ausblenden
`Strg` + `U`	Als *ungelesen* markieren
`Strg` + `Q`	Als *gelesen* markieren
`Strg` + `A`	Alle Nachrichten auswählen
`Strg` + `N`	Neue Nachricht
`F5`	Synchronisierung
`Alt` + `B`	Fokus auf die Schaltfläche *Bcc* legen
`Alt` + `C`	Fokus auf die Schaltfläche *Cc* legen Annehmen
`Alt` + `D`	Ablehnen
`Alt` + `S`	E-Mail senden
`Alt` + `T`	Fokus auf die Schaltfläche *An* legen Mit Vorbehalt

Mail-App

Tastenkombination	Funktion
`Alt` + `V`	Einladung im Kalender öffnen
`Strg` + `↵`	E-Mail senden
`Strg` + `⇧` + `F`	Schriftart auswählen
`Strg` + `Leertaste`	Formatierung löschen
`Strg` + `Y`	Wiederholen
`F4`	Wiederholen
`Strg` + `⇧` + `,`	Schrift verkleinern
`Strg` + `⇧` + `.`	Schrift vergrößern
`Strg` + `K`	Link hinzufügen
`Strg` + `E`	Zentrieren
`Strg` + `L`	Nach links
`Strg` + `R`	Nach rechts
`Strg` + `⇧` + `L`	Aufzählungszeichen
`Strg` + `M`	Einzug, wenn Text ausgewählt wird
`Strg` + `⇧` + `M`	Negativer Einzug
`⇥` oder `⇧` + `⇥`	Einzug/negativer Einzug, wenn Text ausgewählt wird oder wenn der Fokus sich in einer Liste befindet
`Strg` + `'`	Akut
`Strg` + `,`	Cedille
`Strg` + `⇧` + `6`	Zirkumflex
`Strg` + `⇧` + `;`	Diärese
`Strg` + `⇧` + `7`	Ligatur
`Strg` + `⇧` + `2`	Ring
`Strg` + `/`	Schrägstrich
`Strg` + `⇧` + `1`	Invertiertes Ausrufezeichen
`Alt` + `Strg` + `⇧` + `/`	Invertiertes Fragezeichen

Nachrichten-App

`Strg` + `N`	Starten einer neuen Unterhaltung
`Strg` + `N`	Öffnen der Personenauswahl
`Strg` + `E`	Öffnen oder Schließen der Emoticon-Auswahl
`Strg` + `>`	Nächste Unterhaltung
`Strg` + `<`	Vorherige Unterhaltung

Kontakte-App

`Strg` + `N`	Hinzufügen eines Kontakts
`Strg` + `S`	Speichern von Änderungen
`Entf`	Löschen eines Kontakts
`Strg` + `F`	Festlegen eines Kontakts als Favorit
`Strg` + `◇` + `1`	Anheften eines Kontakts an die Startseite
`Esc`	Zurück
`Pos1`	Zum Anfang der Kontaktliste
`Bild ↓`	Vorwärts in der Kontaktliste
`Bild ↑`	Zurück in der Kontaktliste
`Ende`	Zum Ende der Kontaktliste

Reader-App

`F8`	Verwenden des zweiseitigen Layouts
`Strg` + `R`	Drehen der Datei um 90° im Uhrzeigersinn
`Strg` + `F`	Suchen von Text in einer Datei
`F7`	Verwenden des Tastaturauswahlmodus
`Strg` + `P`	Drucken einer Datei
`Strg` + `O`	Öffnen einer Datei
`Strg` + `W`	Schließen einer Datei
`Strg` + `M`	Startseite der *Reader*-App

SkyDrive-App

`Strg` + `A`	Alles markieren
`Strg` + `Alt` + `1`	Ändern der Ansicht (Details/Miniaturansicht)
`Strg` + `U`	Hochladen
`Strg` + `⇧` + `N`	Neuer Ordner
`Esc`	Aufheben der Auswahl
`Strg` + `O`	Öffnen mit
`Strg` + `Alt` + `O`	Anzeigen des Ordners
`Strg` + `⇧` + `V`	Kopieren
`Strg` + `⇧` + `Y`	Verschieben
`Strg` + `S`	Herunterladen
`Alt` + `↑`	Nach oben
`F2`	Umbenennen
`F5`	Aktualisieren

Windows Journal-App

`F1`	Öffnen der Journalhilfe
`F5`	Aktualisieren der Notizliste
`F6`	Wechseln zwischen einer Notizliste und einer Notiz
`F11`	Anzeigen einer Notiz im Vollbildmodus
`Strg` + `A`	Auswählen aller Elemente auf einer Seite
`Strg` + `C`	Kopieren einer Auswahl in die Zwischenablage
`Strg` + `F`	Suchen von Text in einer Datei
`Strg` + `G`	Wechseln zu einer Seite
`Strg` + `N`	Starten einer neuen Notiz
`Strg` + `O`	Öffnen einer zuletzt verwendeten Notiz
`Strg` + `P`	Drucken einer Notiz
`Strg` + `S`	Speichern von Änderungen an einer Notiz
`Strg` + `V`	Einfügen einer Auswahl aus der Zwischenablage

Windows Journal-App

Strg + X	Ausschneiden einer Auswahl
Strg + Y	Wiederholen einer Änderung
Strg + Z	Rückgängigmachen einer Änderung
Alt + F4	Schließen einer Notiz und des zugehörigen Journalfensters
Strg + ⇧ + C	Anzeigen eines Kontextmenüs für Spaltenüberschriften in einer Notizliste
Strg + ⇧ + V	Verschieben einer Notiz in einen bestimmten Ordner

Grundlagen zu Microsoft Office

- Zum Öffnen von Programmen vom Desktop aus siehe Seite 20.
- Zum grundlegenden Arbeiten mit Programmfenstern, siehe Seite 21.
- Zum grundlegenden Arbeiten mit dem Menüband siehe Seite 21 f.
- Zum grundlegenden Arbeiten mit Dialogfeldern siehe Seite 17.

Erstellen, Öffnen und Speichern

Strg + N	Erstellen eines neuen Dokuments
Strg + F12 oder Strg + O	Anzeigen des Dialogfeldes *Öffnen*
F12	Anzeigen des Dialogfeldes *Speichern unter*
Strg + S	Speichern des Dokuments
Strg + W	Schließen des Dokuments

Rückgängigmachen und Wiederholen

Esc	Abbrechen der Aktion
Strg + Z	Rückgängigmachen der Aktion
Strg + Y	Wiederherstellen oder Wiederholen der Aktion

Suchen und Ersetzen

Strg + F	Öffnen des Dialogfeldes *Suchen* bzw. des Navigationsbereichs
Strg + H	Öffnen des Dialogfeldes *Suchen und Ersetzen*
⇧ + F4	Wiederholen der letzten Aktion *Suchen*

Makros und Visual Basic

Alt + F8	Anzeigen des Dialogfeldes *Makros*
Alt + F11	Anzeigen des Visual Basic-Editors

Im Hilfefenster arbeiten

F1	Öffnen des Hilfefensters
Alt + F4	Schließen des Hilfefensters
⇥	Auswählen des nächsten Elements im Hilfefenster
⇧ + ⇥	Auswählen des vorherigen Elements im Hilfefenster
↵	Ausführen der Aktion für das ausgewählte Element
Alt + ← oder ←	Zurück zum vorherigen Hilfethema (Schaltfläche *Zurück*)
Alt + →	Blättern zum nächsten Hilfethema (Schaltfläche *Weiter*)
↑ , ↓	Bildlauf innerhalb des aktuell angezeigten Hilfethemas in kleinen Schritten nach oben bzw. nach unten
Bild ↑ , Bild ↓	Bildlauf innerhalb des aktuell angezeigten Hilfethemas bildschirmweise nach oben bzw. nach unten
⇧ + F10	Anzeigen des Kontextmenüs mit Befehlen für das Hilfefenster
Esc	Anhalten der letzten Aktion
F5	Aktualisieren des Fensterinhalts
Strg + P	Drucken des aktuellen Hilfethemas
F6	Wechseln zwischen verschiedenen Bereichen bzw. Steuerelementen im Hilfefenster
↑ , ↓	Im Inhaltsverzeichnis in der Baumansicht Auswahl des nächsten oder vorherigen Elements
← , →	Im Inhaltsverzeichnis in der Baumansicht Erweitern oder Reduzieren des ausgewählten Elements

Fingereingabemodus für Office 2013

Wenn Sie ein Office 2013-Programm unter Windows 8 und 8.1 mit einem Touchscreen betreiben, stehen Ihnen die Möglichkeiten zur Interaktion durch *Tippen* und *Streifen* zur Verfügung. Da Office 2013 für die Verwendung auf Touch PCs und Tablet-Computern optimiert wurde, gibt es bei allen Office-Programmen einen separaten Touch-Modus. Dieser Modus sorgt dafür, dass die Schaltflächen in der Menüleiste sowie andere Bedienelemente etwas größer dargestellt werden, um die Bedienung mit den Fingern zu erleichtern. Er kann ganz einfach durch einen Klick auf das entsprechende Symbol ein- und ausgeschaltet werden. Dieses Symbol müssen Sie gegebenenfalls erst anzeigen lassen.

Die Grundbegriffe der Touch-Bedienung bei Windows 8 und 8.1

	Indem Sie ein Element antippen, führen Sie die dem Element zugeordnete Aktion aus. Beispielsweise wird beim Tippen auf ein Programmsymbol das Programm gestartet.
	Wenn Sie den Finger einige Sekunden auf dem Element lassen, werden zusätzliche Informationen angezeigt. Das ähnelt dem Klicken mit der rechten Maustaste.
	Wenn Sie den Finger auf dem Bildschirm ziehen, können Sie durch die Elemente auf dem Bildschirm blättern. Das ähnelt dem Blättern mit der Maus über die Bildlaufleisten.
	Wenn Sie ein Element ein kurzes Stück rechtwinklig zur Achse für den Bildlauf ziehen, wählt Sie das Element aus. Dadurch werden oft weitere Befehle angezeigt.

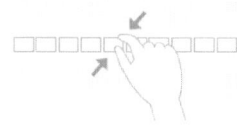 Wenn Sie den Bildschirm oder ein Element mit mindestens zwei Fingern berühren, und dann die Finger zusammenführen oder spreizen, können Sie vergrößern oder verkleinern.

 Wenn Sie mindestens zwei Finger auf ein Element setzen, und dann Ihre Hand drehen, drehen Sie das Element. Nur einige Elemente können gedreht werden.

Die Bildschirmtastatur anzeigen lassen

- Klicken Sie mit der rechten Maustaste auf die Taskleiste des Windows 8- bzw. 8.1-Desktop. Das zeigt das Kontextmenü an.
- Wählen Sie im Kontextmenü *Symbolleisten* und dann *Bildschirmtastatur*.
- In der Taskleiste wird das Symbol zu Aufruf der Bildschirmtastatur angezeigt. Um die Tastatur anzuzeigen, klicken Sie darauf. Standardmäßig erscheinen in der Bildschirmtastatur zunächst die Tasten für die Buchstaben.

Abbildung 5: Standardmäßig werden zunächst die Tasten für die Buchstaben angezeigt

- Um weitere Zeichen – Zahlen und Sonderzeichen – anzuzeigen, tippen Sie auf die Schaltfläche *&123*. Um zurück zu den

Buchstaben zu gelangen, klicken Sie nochmals auf die Schaltfläche *&123*.

Die Schaltfläche für Touch-Unterstützung anzeigen lassen

- Klicken Sie auf die Schaltfläche *Symbolleiste für den Schnellzu-griff* anpassen. Eine Liste mit Optionen wird geöffnet.

- Sorgen Sie dafür, dass die Option *Fingereingabe-/Mausmodus* ein-geschaltet ist. Ist sie nicht eingeschaltet, klicken Sie auf die Option.

- Ist *Fingereingabe-/Mausmodus* aktiviert, erscheint in der Sym-bolleiste für den Schellzugriff ein zusätzlicher Schalter mit der Bezeichnung *Fingereingabe-/Mausmodus*.

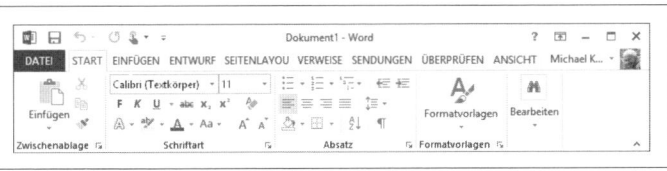

Abbildung 6: In der Symbolleiste für den Schellzugriff finden Sie einen zusätzlichen Schalter

Die Fingereingabe ein- und ausschalten

Der Touch-Modus sorgt dafür, dass die Schaltflächen in der Menü-leiste sowie andere Bedienelemente etwas größer dargestellt wer-den, um die Bedienung mit den Fingern zu erleichtern. Er kann ganz einfach durch einen Klick auf das entsprechende Symbol ein- und ausgeschaltet werden.

- Klicken Sie in der *Symbolleiste für den Schnellzugriff* auf den Schalter *Fingereingabe-/Mausmodus*, um die Optionen für den Eingabemodus anzuzeigen.

- Wenn Sie Ihr Gerät über die Finger bedienen wollen, wählen Sie die Option *Fingereingabe*. Ist der Modus *Fingereingabe* aktiv, werden die Bedienelemente etwas größer und mit größeren Abständen zu einander angezeigt (siehe Abbildung 7).

- Klicken Sie auf den Schalter, und wählen Sie *Maus*, wenn Sie diesen Modus wieder beenden wollen.

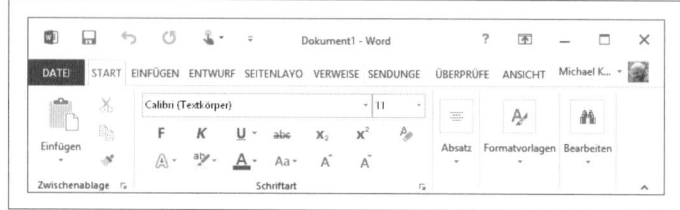

Abbildung 7: Für die Fingereingabe werden die Schaltflächen vergrößert

Word 2010 und 2013

Zu den programmübergreifenden Tastenkombinationen in den Microsoft Office-Anwendungen siehe Seite 34 ff.

Navigieren und Markieren

Den Cursor steuern	
←	Ein Zeichen nach links
→	Ein Zeichen nach rechts
Strg + ←	Ein Wort nach links
Strg + →	Ein Wort nach rechts
Strg + ↑	Einen Absatz nach oben
Strg + ↓	Einen Absatz nach unten
↑	Eine Zeile nach oben

Den Cursor steuern

↓	Eine Zeile nach unten
Ende	An das Zeilenende
Pos1	An den Zeilenanfang
Alt + Strg + Bild ↑	An den oberen Rand des Fensters
Alt + Strg + Bild ↓	An den unteren Rand des Fensters
Bild ↑	Eine Bildschirmseite nach oben
Bild ↓	Eine Bildschirmseite nach unten
Strg + Bild ↓	An den Anfang der nächsten Seite
Strg + Bild ↑	An den Anfang der vorherigen Seite
Strg + Ende	An das Ende des Dokuments
Strg + Pos1	An den Anfang des Dokuments
⇧ + F5	Zur letzten Bearbeitungsstelle
⇧ + F5	Nach dem Öffnen des Dokuments zu der zuletzt bearbeiteten Stelle

Markieren und Markierung erweitern

F8	Aktivieren des Erweiterungsmodus
F8 und dann ← oder →	Markieren des nächsten Zeichens
F8	Vergrößern der Auswahl; einmal F8 zum Markieren des Wortes, zweimal zum Markieren des Satzes usw.
⇧ + F8	Verkleinern der Auswahl
Esc	Deaktivieren des Erweiterungsmodus
⇧ + →	Erweitern der Auswahl um ein Zeichen nach rechts
⇧ + ←	Erweitern der Auswahl um ein Zeichen nach links
Strg + ⇧ + →	Erweitern der Auswahl bis zum Ende eines Wortes
Strg + ⇧ + ←	Erweitern der Auswahl bis zum Anfang eines Wortes
⇧ + Ende	Erweitern der Auswahl bis zum Ende einer Zeile

Markieren und Markierung erweitern

⬆ + Pos1	Erweitern der Auswahl bis zum Anfang einer Zeile
⬆ + ↓	Erweitern der Auswahl um eine Zeile nach unten
⬆ + ↑	Erweitern der Auswahl um eine Zeile nach oben
Strg + ⬆ + ↓	Erweitern der Auswahl bis zum Ende eines Absatzes
Strg + ⬆ + ↑	Erweitern der Auswahl bis zum Anfang eines Absatzes
⬆ + Bild ↓	Erweitern der Auswahl um eine Bildschirmseite nach unten
⬆ + Bild ↑	Erweitern der Auswahl um eine Bildschirmseite nach oben
Strg + ⬆ + Pos1	Erweitern der Auswahl bis zum Anfang eines Dokuments
Strg + ⬆ + Ende	Erweitern der Auswahl bis zum Ende eines Dokuments
Alt + Strg + ⬆ + Bild ↓	Erweitern der Auswahl bis zum Ende eines Fensters
Strg + A	Erweitern der Auswahl auf das gesamte Dokument

In Tabellen markieren

⭾	Markieren des Inhalts der nächsten Zelle
⬆ + ⭾	Markieren des Inhalts der vorherigen Zelle
⬆ + Pfeiltaste	Erweitern der Markierung auf angrenzende Zellen
⬆ + Alt + Bild ↓ oder ⬆ + Alt + Bild ↑	Markieren einer Spalte
Strg + ⬆ + F8 , Pfeiltasten	Erweitern der Markierung (oder des Blocks)
Alt + 5 auf der Zehnertastatur bei deaktivierter Num -Taste	Markieren der gesamten Tabelle
Alt + ⬆ + ↑	Markieren der Zeile darüber
Alt + ⬆ + ↓	Markieren der Zeile darunter

In Tabellen navigieren

⇥	Zur nächsten Zelle in der Zeile
⇧ + ⇥	Zur vorherigen Zelle in der Zeile
Alt + Pos1	Zur ersten Zelle in der Zeile
Alt + Ende	Zur letzten Zelle in der Zeile
Alt + Bild ↑	Zur ersten Zelle in der Spalte
Alt + Bild ↓	Zur letzten Zelle in der Spalte
↑	Zur vorherigen Zeile
↓	Zur nächsten Zeile

Einfügen

Sonderzeichen

Strg + F9	Feld
⇧ + ↵	Zeilenumbruch
Strg + ↵	Seitenumbruch
Strg + ⇧ + ↵	Spaltenumbruch
Alt + Strg + - (auf der Zehnertastatur)	Geviertstrich
Strg + - (auf der Zehnertastatur)	Gedankenstrich
Strg + -	Bedingter Bindestrich
Strg + ⇧ + -	Geschützter Trennstrich
Strg + ⇧ + Leertaste	Geschütztes Leerzeichen
Alt + Strg + C	Copyright-Symbol
Alt + Strg + R	Symbol für eingetragene Marke
Alt + Strg + T	Trademark, Warenzeichen
Alt + Strg + .	Auslassungspunkte

Absätze und Tabstoppzeichen in Tabellen

`↵`	Einfügen eines neuen Absatzes in einer Zelle
`Strg` + `⇥`	Einfügen eines Tabstoppzeichens in einer Zelle
`⇥`	Am Ende der Einfügen einer neuen Zeile
`Strg` + `⇧` + `↵`	Teilen der Tabelle

Kopieren, Verschieben und Löschen

Text und Grafiken kopieren und verschieben

`Strg` + `C`	Kopieren des ausgewählten Texts oder der ausgewählten Grafik in die Office-Zwischenablage
`Strg` + `X`	Ausschneiden des ausgewählten Texts oder der ausgewählten Grafik und Einfügen in die Office-Zwischenablage
`Strg` + `V`	Einfügen des letzten Eintrags oder eingefügten Elements aus der Office-Zwischenablage
`F2`, danach Verschieben des Cursors und Drücken von `↵`	Einmaliges Verschieben von ausgewähltem Text oder ausgewählter Grafik
`⇧` + `F2`, danach Verschieben des Cursors und Drücken von `↵`	Einmaliges Kopieren von Text oder Grafiken
`Alt` + `F3`	Öffnen des Dialogfeldes *Neuen Baustein erstellen*, wenn Text oder ein Objekt ausgewählt ist
`⇧` + `F10`	Anzeigen des mit dem ausgewählten Baustein verknüpften Kontextmenüs
`Strg` + `F3`	Ausschneiden in die Sammlung (unter Umgehung der Zwischenablage)
`Strg` + `⇧` + `F3`	Einfügen des Inhalts der Sammlung
`Alt` + `⇧` + `R`	Kopieren der Kopf- oder Fußzeile aus dem vorherigen Abschnitt des Dokuments

Text und Grafiken löschen

`←`	Löschen des Zeichens der Grafik links vom Cursor
`Strg` + `←`	Löschen des Wortes links vom Cursor

Text und Grafiken löschen

`Entf`	Löschen des Zeichens der Grafik rechts vom Cursor
`Strg` + `Entf`	Löschen des Wortes rechts vom Cursor
`Strg` + `X`	Verschieben des markierten Texts oder der Grafik in die Office-Zwischenablage
`Strg` + `Z`	Rückgängigmachen der letzten Aktion
`Strg` + `F3`	Ausschneiden in die Sammlung (unter Umgehung der Zwischenablage)

Zeichen und Absätze formatieren

Schriftart oder Schriftgrad ändern

`Strg` + `⇧` + `A`	Öffnen des Dialogfeldes *Schriftart*
`Strg` + `>`	Vergrößern des Schriftgrads stufenweise
`Strg` + `<`	Verkleinern des Schriftgrads stufenweise
`Strg` + `9`	Vergrößern des Schriftgrads um 1 Punkt
`Strg` + `8`	Verkleinern des Schriftgrads um 1 Punkt

Zeichenformate zuweisen

`Strg` + `D`	Öffnen des Dialogfeldes *Schriftart*
`⇧` + `F3`	Ändern der Groß-/Kleinschreibung der Buchstaben
`Strg` + `⇧` + `G`	Formatieren der Buchstaben als Großbuchstaben
`Strg` + `⇧` + `F`	Zuweisen der Formatierung *Fett*
`Strg` + `⇧` + `U`	Unterstreichen von Text
`Strg` + `⇧` + `W`	Unterstreichen nur von Wörtern (keine Leerzeichen)
`Strg` + `⇧` + `D`	Doppeltes Unterstreichen von Text
`Strg` + `⇧` + `H`	Zuweisen der Formatierung *Ausgeblendet*
`Strg` + `⇧` + `K`	Zuweisen der Formatierung *Kursiv*
`Strg` + `⇧` + `Q`	Formatieren von Buchstaben als Kapitälchen

Zeichenformate zuweisen

`Strg` + `#`	Zuweisen der Formatierung *Tiefgestellt*
`Strg` + `+`	Zuweisen der Formatierung *Hochgestellt*
`Strg` + `Leertaste`	Entfernen manueller Zeichenformatierungen
`Strg` + `⇧` + `B`	Ändern der Markierung in Symbolschriftart

Formatierung kopieren

`Strg` + `⇧` + `C`	Kopieren der Formatierung von Text
`Strg` + `⇧` + `V`	Zuweisen der kopierten Formatierung zu Text

Absätze ausrichten

`Strg` + `E`	Umschalten eines Absatzes zwischen zentriert und linksbündig
`Strg` + `B`	Umschalten eines Absatzes zwischen Blocksatz und linksbündig
`Strg` + `R`	Umschalten eines Absatzes zwischen rechtsbündig und linksbündig
`Strg` + `L`	Linksbündiges Ausrichten eines Absatzes
`Strg` + `M`	Einziehen eines Absatzes von links
`Strg` + `⇧` + `M`	Entfernen eines linken Absatzeinzugs
`Strg` + `T`	Erstellen eines hängenden Einzugs
`Strg` + `⇧` + `T`	Verkleinern eines hängenden Einzugs
`Strg` + `Q`	Entfernen der Absatzformatierung

Zeilenabstand festlegen

`Strg` + `1`	Einfacher Zeilenabstand
`Strg` + `2`	Doppelter Zeilenabstand
`Strg` + `5`	1,5-facher Zeilenabstand
`Strg` + `0` (Null)	Hinzufügen oder Entfernen eines Zeilenabstands vor einem Absatz

Absatzformatvorlagen zuweisen

`Strg` + `⇧` + `S`	Öffnen des Aufgabenbereichs *Formatvorlage übernehmen*
`Alt` + `Strg` + `⇧` + `S`	Öffnen des Aufgabenbereichs *Formatvorlagen*
`Strg` + `J`	Starten von *AutoFormat*
`Strg` + `⇧` + `N`	Zuweisen der Formatvorlage *Standard*
`Alt` + `1`	Zuweisen der Formatvorlage *Überschrift 1*
`Alt` + `2`	Zuweisen der Formatvorlage *Überschrift 2*
`Alt` + `3`	Zuweisen der Formatvorlage *Überschrift 3*

Weitere Bearbeitung

Suchen, Ersetzen

`Strg` + `F`	Öffnen des Navigationsbereichs (zum Suchen im Dokument)
`Alt` + `Strg` + `Y`	Wiederholen des Suchvorgangs (nach dem Schließen des Navigationsbereichs bzw. des Fensters *Suchen und Ersetzen*)
`Strg` + `H`	Ersetzen von Text, Formatierung und Sonderzeichen
`Strg` + `G`	Wechseln zu einer Seite, Textmarke, Fußnote, Tabelle, einem Kommentar, einer Grafik oder einer anderen Stelle im Dokument
`Alt` + `Strg` + `Z`	Wechseln zwischen den letzten vier bearbeiteten Stellen
`Alt` + `Strg` + `Pos1`	Öffnen der Liste mit Navigationsoptionen
`Strg` + `Bild ↑`	Wechseln zum vorherigen Browseobjekt (in den Browseoptionen festgelegt)
`Strg` + `Bild ↓`	Wechseln zum nächsten Browseobjekt (in den Browseoptionen festgelegt)

Ansicht wechseln

`Alt` + `Strg` + `L`	Aktivieren der Seitenlayoutansicht
`Alt` + `Strg` + `G`	Aktivieren der Gliederungsansicht
`Alt` + `Strg` + `N`	Aktivieren der Entwurfsansicht

In der Gliederungsansicht arbeiten

`Alt` + `⇧` + `←`	Höherstufen des Absatzes
`Alt` + `⇧` + `→`	Tieferstufen des Absatzes
`Strg` + `⇧` + `N`	Tieferstufen zum Textkörper
`Alt` + `⇧` + `↑`	Bewegen der ausgewählten Absätze nach oben
`Alt` + `⇧` + `↓`	Bewegen der ausgewählten Absätze nach unten
`Alt` + `+`	Einblenden von Text unter der Überschrift
`Alt` + `⇧` + `-`	Ausblenden von Text unter der Überschrift
`Alt` + `⇧` + `A`	Ein- bzw. Ausblenden des gesamten Texts oder aller Überschriften
`/` auf der Zehnertastatur	Ausblenden oder Anzeigen der Zeichenformatierung
`Alt` + `⇧` + `L`	Anzeigen der ersten Zeile des Textkörpers oder des gesamten Textkörpers
`Alt` + `⇧` + `1`	Anzeigen aller Überschriften mit der Formatvorlage Überschrift 1
`Alt` + `⇧` + `n`	Anzeigen aller Überschriften bis zu Überschrift n
`Strg` + `⇥`	Einfügen eines Tabstoppzeichens

Drucken und Druckvorschau

`Strg` + `P`	Drucken eines Dokuments
`Alt` + `Strg` + `I`	Wechseln zur Seitenansicht in der Backstage-Ansicht der *Datei*-Registerkarte
`Bild ↑` oder `Bild ↓`	Wechseln zur vorherigen oder zur nächsten Seite in der Seitenansicht
`Strg` + `Pos1`	Wechseln zur ersten Seite in der Seitenansicht
`Strg` + `Ende`	Wechseln zur letzten Seite in der Seitenansicht

Dokumente überarbeiten

`Alt` + `Strg` + `K`	Einfügen eines Kommentars
`Strg` + `⇧` + `E`	Aktivieren oder Deaktivieren des Überarbeitungsmodus
`Alt` + `⇧` + `C`	Schließen des Überarbeitungsbereichs

Im Vollbild-Lesemodus arbeiten

`Pos1`	Wechseln zum Anfang des Dokuments
`Ende`	Wechseln zum Ende des Dokuments
`n`, `↵`	Wechseln zu Seite n
`Esc`	Beenden der Ansicht *Vollbild-Lesemodus*

Verzeichniseinträge, Fußnoten und Endnoten

`Alt`+`⇧`+`O`	Festlegen eines Eintrags im Inhaltsverzeichnis
`Alt`+`⇧`+`I`	Festlegen eines Eintrags im Rechtsgrundlagenverzeichnis (Zitat)
`Alt`+`⇧`+`X`	Festlegen eines Indexeintrags
`Alt`+`Strg`+`F`	Einfügen einer Fußnote
`Alt`+`Strg`+`D`	Einfügen einer Endnote

Mit Webseiten arbeiten

`Strg`+`K`	Einfügen eines Hyperlinks
`Alt`+`←`	Eine Seite zurück
`Alt`+`→`	Eine Seite vorwärts
`F9`	Aktualisieren

Übersicht über Funktionstasten

Funktionstasten

`F1`	Anzeigen der Word-Hilfe oder Inhalte von Microsoft Office Online
`F2`	Verschieben der Auswahl
`F4`	Wiederholen des vorhergehenden Vorgangs
`F5`	Auswählen des Befehls *Gehe zu* (Registerkarte *Start*, Gruppe *Bearbeiten*, Menü zur Schaltfläche *Suchen*)
`F6`	Wechseln zum nächsten Bereich im Fenster
`F7`	Auswählen des Befehls *Rechtschreibung* (Registerkarte *Überprüfen*)

Funktionstasten

F8	Erweitern der Markierung
F9	Aktualisieren der ausgewählten Felder
F10	Anzeigen der Zugriffstasteninfos im Menüband
F11	Wechseln zum nächsten Feld
F12	Auswählen des Befehls *Speichern unter*

⇧ +Funktionstaste

⇧ + F1	Anzeigen der Formatierung oder Aufrufen der kontextbezogenen Hilfe
⇧ + F2	Kopieren von Text
⇧ + F3	Ändern der Groß-/Kleinschreibung der Buchstaben
⇧ + F4	Wiederholen von *Suchen* oder *Gehe zu*
⇧ + F5	Wechseln zur letzten Änderung
⇧ + F6	Wechseln zum nächsten Bereich im Programmfenster (nach Drücken von F6)
⇧ + F7	Anzeigen des Aufgabenbereichs *Recherchieren* mit dem *Thesaurus* (Registerkarte *Überprüfen*, Gruppe *Dokumentprüfung*)
⇧ + F8	Verkleinern der Auswahl
⇧ + F9	Wechseln zwischen der Anzeige der Feldfunktion und dem Ergebnis
⇧ + F10	Anzeigen des Kontextmenüs
⇧ + F11	Zum vorherigen Feld
⇧ + F12	Auswählen des Befehls *Speichern*

Strg +Funktionstaste

Strg + F1	Reduzieren oder Erweitern des Menübands
Strg + F2	Anzeige der Seitenansicht in der Backstage-Ansicht der Registerkarte *Datei*
Strg + F3	Ausschneiden in die Sammlung (unter Umgehung der Zwischenablage)
Strg + F4	Schließen des Fensters
Strg + F6	Wechseln zum nächsten Fenster

Strg +Funktionstaste

Strg + F9	Einfügen eines leeren Feldes
Strg + F10	Maximieren bzw. Wiederherstellen des Fensters
Strg + F11	Sperren eines Feldes
Strg + F12	Auswählen des Befehls *Öffnen*

Strg + ⇧ +Funktionstaste

Strg + ⇧ + F3	Einfügen des Inhalts der Sammlung
Strg + ⇧ + F5	Bearbeiten einer Textmarke
Strg + ⇧ + F6	Wechseln zum vorherigen Fenster
Strg + ⇧ + F7	Aktualisieren verknüpfter Informationen in einem Word 2010-Quelldokument
Strg + ⇧ + F8 und anschließend eine Pfeiltaste	Erweitern einer Auswahl oder eines Blocks
Strg + ⇧ + F9	Aufheben einer Feldverknüpfung
Strg + ⇧ + F11	Freigeben eines Feldes
Strg + ⇧ + F12	Auswählen des Befehls *Drucken*

Alt +Funktionstaste

Alt + F1	Wechseln zum nächsten Feld
Alt + F3	Erstellen eines neuen Bausteins
Alt + F4	Beenden von Word 2010
Alt + F5	Wiederherstellen der Größe des Programmfensters
Alt + F6	Wechseln von einem geöffneten Dialogfeld zurück zum Dokument (bei Dialogfeldern, die dieses Verhalten unterstützen)
Alt + F7	Suchen des nächsten Rechtschreib- oder Grammatikfehlers
Alt + F8	Ausführen eines Makros
Alt + F9	Wechseln zwischen der Anzeige von Feldfunktionen und den Ergebnissen im gesamten Dokument
Alt + F10	Anzeigen des Aufgabenbereichs *Auswahl und Sichtbarkeit*
Alt + F11	Anzeigen des Visual Basic-Editors

Tastenkombinationen anpassen

Sie können in Microsoft Word Tastenkombinationen anpassen. Dabei weisen Sie einem Befehl, einem Makro, einer Schriftart, einem Format oder einem häufig verwendeten Symbol eine Tastenkombination zu. Festgelegte Tastenkombinationen können auch wieder entfernt werden.

- Klicken Sie auf der Registerkarte *Datei* auf *Optionen*.
- Im Dialogfeld *Word-Optionen* wählen Sie die Kategorie *Menüband anpassen*.
- Klicken Sie neben *Tastenkombinationen* auf die Schaltfläche *Anpassen*, um das Dialogfeld *Tastatur anpassen* anzuzeigen.

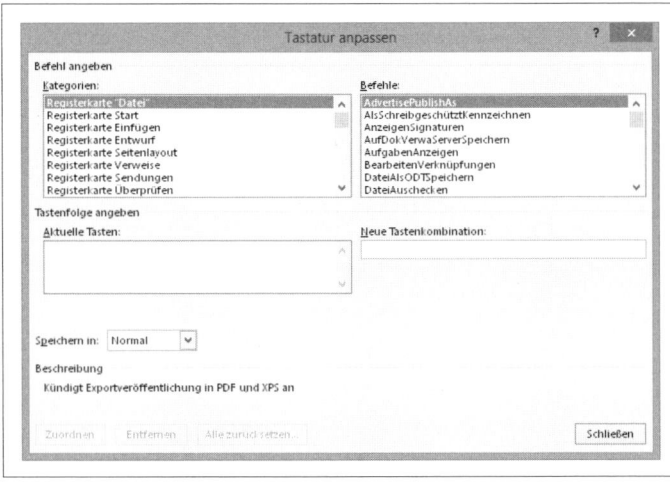

Abbildung 8: Das Dialogfeld Tastatur anpassen

- Wählen Sie im Listenfeld *Kategorien* die Kategorie aus, zu der der Befehl gehört, dem Sie eine Tastenkombination zuweisen wollen. Das ändert auch die Anzeige im Listenfeld *Befehle* auf der rechten Seite.
- Wählen Sie im Listenfeld *Befehle* den gewünschten Befehl aus.

- Die Tastenkombinationen, die dem Befehl zurzeit zugeordnet sind, werden im Feld *Aktuelle Tasten* angezeigt.
- Setzen Sie den Cursor in das Feld *Neue Tastenkombination*.
- Drücken Sie die gewünschte Kombination von Tasten. Drücken Sie beispielsweise ⌨Strg⌨ plus die gewünschte Taste.
- Unterhalb des Feldes *Aktuelle Tasten* können Sie sehen, ob die Tastenkombination bereits einem anderen Befehl zugewiesen ist. Wenn dies der Fall ist, probieren Sie eine andere Kombination aus. Wenn Sie eine Tastenkombination zuweisen, die bereits durch einen bestimmten Befehl belegt ist, wird damit die ursprüngliche Funktion überschrieben.
- Klicken Sie auf *Zuordnen* und dann auf *Schließen*.

Excel 2010 und 2013

- In Blättern und Mappen arbeiten: Seite 57
- Daten und Zellen markieren: Seite 60
- Daten und Formeln eingeben: Seite 61
- Bearbeiten und Formatieren: Seite 64
- Funktionstasten und Kombinationen mit Funktionstasten: Seite 66
- Tastenkombinationen mit ⌨Strg⌨: Seite 68

Zu den programmübergreifenden Tastenkombinationen in den Microsoft Office-Anwendungen siehe Seite 34 ff.

In Blättern und Mappen arbeiten

Mit Blättern in Arbeitsmappen arbeiten

⌨⇧⌨+⌨F11⌨ oder ⌨Alt⌨+⌨⇧⌨+⌨F1⌨	Einfügen eines neuen Arbeitsblatts
⌨Strg⌨+⌨Bild↓⌨	Wechseln zum nächsten Blatt in der Arbeitsmappe
⌨Strg⌨+⌨Bild↑⌨	Wechseln zum vorherigen Blatt in der Arbeitsmappe
⌨⇧⌨+⌨Strg⌨+⌨Bild↓⌨	Auswählen des aktiven und des nächsten Blattes
⌨⇧⌨+⌨Strg⌨+⌨Bild↑⌨	Auswählen des aktiven und des vorherigen Blattes

Im Seitenlayout arbeiten

Pfeiltasten	Navigieren auf der Seite
`Bild ↑` oder `Bild ↓`	Um eine Seite nach oben bzw. nach unten
`Strg`+`↑` oder `Strg`+`←`	Wechseln zur ersten Seite
`Strg`+`↓` oder `Strg`+`→`	Wechseln zur letzten Seite

Cursor verschieben

Pfeiltasten	Um eine Zelle nach oben, unten, links oder rechts
`Strg`+Pfeiltaste	An den Rand des aktuellen Datenbereichs
`Pos1`	An den Anfang der Zeile
`Strg`+`Pos1`	An den Anfang des Arbeitsblatts
`Strg`+`Ende`	Zur letzten Zelle im Arbeitsblatt, d.h. der Zelle am Schnittpunkt der am weitesten rechts liegenden Spalte mit der letzten verwendeten Zeile (in die untere rechte Ecke)
`Bild ↓`	Eine Bildschirmseite nach unten
`Bild ↑`	Eine Bildschirmseite nach oben
`Alt`+`Bild ↓`	Eine Bildschirmseite nach rechts
`Alt`+`Bild ↑`	Eine Bildschirmseite nach links
`F6`	Wechseln zwischen Arbeitsblatt, Menüband, Aufgabenbereich und Statusleiste; bei geteiltem Fenster Einbeziehung der verschiedenen Fenster
`⇧`+`F6`	Wechseln in umgekehrter Reihenfolge
`Strg`+`←`	Durchführen eines Bildlaufs, um die aktive Zelle anzuzeigen
`F5`	Anzeigen des Dialogfeldes *Gehe zu*
`⇧`+`F5`	Anzeigen des Dialogfeldes *Suchen und Ersetzen*
`⇧`+`F4`	Wiederholen des letzten Suchvorgangs (entspricht *Weitersuchen*)
`⇥`	Wechseln zwischen nicht gesperrten Zellen in einem geschützten Arbeitsblatt

In einem ausgewählten Bereich navigieren

`⏎`	Im ausgewählten Bereich von oben nach unten
`⇧` + `⏎`	Im ausgewählten Bereich von unten nach oben
`⇥`	Im ausgewählten Bereich von links nach rechts bzw. nach unten, wenn Zellen in einer Spalte ausgewählt sind
`⇧` + `⇥`	Im ausgewählten Bereich von rechts nach links bzw. nach oben, wenn Zellen in einer Spalte ausgewählt sind
`Strg` + `Alt` + `→`	Bei nicht aneinandergrenzenden Auswahlbereichen zur nächsten Auswahl nach rechts
`Strg` + `Alt` + `←`	Bei nicht aneinandergrenzenden Auswahlbereichen zur nächsten Auswahl nach links

Im ENDE-Modus navigieren

`Ende`	Ein- bzw. Ausschalten des *ENDE*-Modus
`Ende` +Pfeiltaste	Bewegen um einen Datenblock in einer Zeile oder Spalte
`Ende` + `Pos1`	Zur letzten Zelle im Arbeitsblatt, d.h. der Zelle am Schnittpunkt der am weitesten rechts liegenden Spalte mit der letzten verwendeten Zeile (in die untere rechte Ecke)
`Ende` + `⏎`	Wechseln in der aktiven Zeile zur ganz rechten nicht leeren Zelle (funktioniert nicht, wenn die alternativen Bewegungstasten aktiviert sind)

Im ROLLEN-Modus navigieren

`Rollen`	Ein- bzw. Ausschalten des *ROLLEN*-Modus
`Pos1`	Zur Zelle in der linken oberen Ecke des Fensters
`Ende`	Zur Zelle in der rechten unteren Ecke des Fensters
`↑` oder `↓`	Bildlauf um eine Zeile nach oben bzw. nach unten
`←` oder `→`	Bildlauf um eine Spalte nach links bzw. nach rechts

Daten und Zellen markieren

Zellen, Bereiche und Objekte markieren

Strg + Leertaste	Markieren der gesamten Spalte
⇧ + Leertaste	Markieren der gesamten Zeile
Strg + A	Markieren des gesamten Arbeitsblatts
⇧ + ←	Bei mehreren markierten Zellen Auswählen der aktiven Zelle
Strg + ⇧ + Leertaste	Bei markiertem Objekt Auswählen aller Objekte auf einem Blatt
Strg + 6	Wechseln zwischen dem Ein- und Ausblenden von Objekten und dem Anzeigen von Platzhaltern für Objekte

Zellen mit bestimmten Eigenschaften auswählen

Strg + ⇧ + *	Markieren des aktuellen Bereichs um die aktive Zelle (den Datenbereich, der von leeren Zeilen und Spalten eingeschlossen wird); bei einem PivotTable-Bericht Markieren des gesamten PivotTable-Berichts
Strg + /	Markieren der Matrix mit der aktiven Zelle
Strg + ⇧ + O	Markieren aller Zellen mit Kommentaren
Alt + (	In einer markierten Zeile Auswählen der Zellen, die nicht dem Wert in der aktiven Zelle in dieser Zeile entsprechen
Alt +)	In einer markierten Spalte Auswählen der Zellen, die nicht dem Wert in der aktiven Zelle in dieser Spalte entsprechen
Alt + $	Markieren aller Zellen, auf die Formeln in der Markierung direkt verweisen
Alt + /	Markieren aller Zellen, auf die Formeln in der Markierung direkt oder indirekt verweisen
Alt + %	Markieren der Zellen mit Formeln, die direkt auf die aktive Zelle verweisen
Alt + &	Markieren der Zellen mit Formeln, die direkt oder indirekt auf die aktive Zelle verweisen
Alt + :	Auswählen der sichtbaren Zellen in der aktuellen Markierung

Markierung erweitern

`F8`	Aktivieren bzw. Deaktivieren des Erweiterungsmodus (im Erweiterungsmodus wird in der Statusleiste *Auswahl erweitern* angezeigt)
`⇧` + `F8`	Hinzufügen eines weiteren Zellbereichs zur Auswahl oder Verwenden der Pfeiltasten zum Festlegen des Beginns des Bereichs, den Sie hinzufügen möchten
`⇧` + Pfeiltaste	Erweitern der Markierung um eine Zelle
`Strg` + `⇧` + Pfeiltaste	Erweitern der Markierung bis zur letzten nicht leeren Zelle in derselben Spalte oder Zeile wie die aktive Zelle
`⇧` + `Pos1`	Erweitern der Markierung bis zum Anfang der Zeile
`Strg` + `⇧` + `Pos1`	Erweitern der Markierung bis zum Anfang des Arbeitsblatts
`Strg` + `⇧` + `Ende`	Erweitern der Markierung bis zur letzten verwendeten Zelle des Arbeitsblatts (rechte untere Ecke)
`⇧` + `Bild ↓`	Erweitern der Markierung um eine Bildschirmseite nach unten
`⇧` + `Bild ↑`	Erweitern der Markierung um eine Bildschirmseite nach oben
`Ende` + `⇧` + `↵`	Erweitern der Markierung bis zur letzten Zelle in der aktuellen Zeile (funktioniert nicht, wenn die alternativen Bewegungstasten aktiviert sind)
`Rollen` + `⇧` + `Pos1`	Erweitern der Markierung bis zur obersten linken Zelle im Fenster
`Rollen` + `⇧` + `Ende`	Erweitern der Markierung bis zur untersten rechten Zelle im Fenster

Daten und Formeln eingeben

Dateneingabe

`↵`	Beenden der Eingabe in einer Zelle und Markieren der Zelle darunter
`Alt` + `↵`	Einfügen einer neuen Zeile in derselben Zelle
`Strg` + `↵`	Ausfüllen des markierten Zellbereichs mit dem aktuellen Eintrag
`⇧` + `↵`	Beenden der Eingabe in einer Zelle und Markieren der vorherigen Zelle darüber

Dateneingabe

⬛	Beenden der Eingabe in einer Zelle und Markieren der nächsten Zelle rechts daneben
⬛ + ⬛	Beenden der Eingabe in einer Zelle und Markieren der vorherigen Zelle links daneben
Esc	Abbrechen der Eingabe in einer Zelle
Pfeiltasten	Um ein Zeichen nach oben, unten, links oder rechts (Voraussetzung: F2 zum Aktivieren der Bearbeitung innerhalb der Zelle)
Pos1	Zum Anfang der Zeile
F4 oder Strg + Y	Wiederholen der letzten Aktion
Strg + ⬛ + F3	Erstellen von Namen aus Zeilen- und Spaltenbeschriftungen
Strg + U	Ausfüllen nach unten
Strg + R	Ausfüllen nach rechts
Strg + F3	Festlegen eines Namens
Strg + K	Einfügen eines Hyperlinks
Strg + .	Eingeben des aktuellen Datums
Strg + :	Eingeben der aktuellen Uhrzeit
Alt + ↓	Anzeigen der Dropdownliste mit den Werten in der aktuellen Spalte eines Bereichs
Strg + Z	Rückgängigmachen der letzten Aktion

Sonderzeichen eingeben

Schalten Sie Num ein und verwenden Sie die Tasten auf der Zehner-tastatur:

Alt + 0 1 6 2	Eingeben des Zeichens ¢
Alt + 0 1 6 3	Eingeben des Zeichens £
Alt + 0 1 6 5	Eingeben des Zeichens ¥
Alt + 0 1 2 8	Eingeben des Zeichens ?

Formeln eingeben und berechnen

$=$	Kennzeichnen des Beginns einer Formel
F2	Platzieren des Cursors am Ende des Zellinhalts zum Bearbeiten der aktiven Zelle bzw. Platzieren des Cursors in der Bearbeitungsleiste, wenn die Bearbeitung in einer Zelle deaktiviert ist
←	In der Bearbeitungsleiste Löschen des Zeichens links vom Cursor
↵	Beenden der Eingabe in der Zelle oder in der Bearbeitungsleiste
Strg + ⇧ + ↵	Eingeben einer Formel als Matrixformel
Esc	Abbrechen der Eingabe in der Zelle oder der Bearbeitungsleiste
⇧ + F3	Anzeigen des Dialogfeldes *Funktion einfügen* in einer Formel
Strg + A	Wenn sich der Cursor in einer Formel rechts neben einem Funktionsnamen befindet, Anzeigen des Dialogfeldes *Funktionsargumente*
Strg + ⇧ + A	Wenn sich der Cursor in einer Formel rechts neben einem Funktionsnamen befindet, Einfügen der Argumentnamen und -klammern
F3	Einfügen eines definierten Namens in eine Formel
Alt + $=$	Einfügen einer AutoSumme-Formel mit der SUMME-Funktion
Strg + ;	Kopieren des Wertes aus der Zelle über der aktiven Zelle in die Zelle oder in die Bearbeitungsleiste
Strg + ,	Kopieren einer Formel aus der Zelle über der aktiven Zelle in die Zelle oder in die Bearbeitungsleiste
Strg + #	Wechseln zwischen der Anzeige von Zellwerten und der Anzeige von Zellformeln
F9	Berechnen aller Tabellenblätter in allen geöffneten Arbeitsmappen; wenn ein Teil einer Formel ausgewählt ist, Berechnen des ausgewählten Teils
⇧ + F9	Berechnen des aktiven Arbeitsblatts

Formeln eingeben und berechnen

`Strg` + `Alt` + `F9`	Berechnen aller Formeln in allen geöffneten Arbeitsmappen unabhängig davon, ob diese sich seit der letzten Berechnung geändert haben
`Strg` + `Alt` + `⇧` + `F9`	Prüfen aller abhängigen Formeln und dann Berechnen aller Zellen in allen geöffneten Arbeitsmappen einschließlich der Zellen, die nicht für das Berechnen markiert sind

Bearbeiten und Formatieren

Daten bearbeiten

`F2`	Bearbeiten der aktiven Zelle und Positionieren des Cursors am Ende der Zeile
`Alt` + `↵`	Einfügen einer neuen Zeile in derselben Zelle
`←`	Bearbeiten der aktiven Zelle und anschließendes Löschen oder Löschen des vorhergehenden Zeichens in der aktiven Zelle beim Bearbeiten des Zellinhalts
`Entf`	Löschen des Zeichens rechts vom Cursor oder Löschen der Markierung
`Strg` + `Entf`	Löschen der Zeichen bis zum Ende des Eintrags
`F7`	Anzeigen des Dialogfeldes *Rechtschreibung*
`⇧` + `F2`	Bearbeiten des Zellkommentars
`↵`	Beenden der Eingabe in einer Zelle und Markieren der nächsten Zelle darunter
`Strg` + `Z`	Rückgängigmachen der letzten Aktion
`Esc`	Abbrechen der Bearbeitung in einer Zelle

Zellen einfügen, löschen und kopieren

`Strg` + `C`	Kopieren der markierten Zellen
`Strg` + `X`	Ausschneiden der markierten Zellen
`Strg` + `V`	Einfügen der in der Zwischenablage befindlichen Zellen

Zellen einfügen, löschen und kopieren

`Entf`	Löschen des Inhalts der markierten Zellen
`Strg` + `-`	Löschen der markierten Zellen
`Strg` + `+`	Einfügen leerer Zellen

Daten formatieren

`Strg` + `1`	Anzeigen des Dialogfeldes *Zellen formatieren*
`Strg` + `&`	Anwenden des Zahlenformats *Standard*
`Strg` + `$`	Anwenden des Formats *Währung* mit zwei Dezimalstellen (negative Zahlen werden in roter Schrift angezeigt)
`Strg` + `%`	Anwenden des Formats *Prozent* ohne Dezimalstellen
`Strg` + `"`	Anwenden des Zahlenformats *Wissenschaft* mit zwei Dezimalstellen
`Strg` + `#`	Anwenden des Formats *Datum* mit Tag, Monat und Jahr
`Strg` + `!`	Anwenden des Formats *Zahl* mit zwei Dezimalstellen, einem Tausendertrennzeichen und einem Minuszeichen bei negativen Werten
`Strg` + `⇧` + `F`	Zuweisen bzw. Entfernen der Formatierung *Fett*
`Strg` + `⇧` + `K`	Zuweisen bzw. Entfernen Formatierung *Kursiv*
`Strg` + `⇧` + `U`	Zuweisen bzw. Entfernen der Unterstreichung
`Strg` + `5`	Zuweisen bzw. Entfernen der Durchstreichung
`Strg` + `9`	Ausblenden markierter Zeilen
`Strg` + `)`	Einblenden ausgeblendeter Zeilen in der Markierung
`Strg` + `8`	Ausblenden markierter Spalten
`Strg` + `(`	Einblenden ausgeblendeter Spalten in der Markierung
`Strg` + `⇧` + `☐`	Hinzufügen einer Umrandung um die markierten Zellen
`Strg` + `>`	Entfernen einer Umrandung um die markierten Zellen

In Diagrammen arbeiten

Taste	Beschreibung
F11	Erstellen eines Diagramms mit den Daten im aktuellen Bereich auf einem eigenen Diagrammblatt
Alt + F1	Erstellen eines eingebetteten Diagramms mit den Daten im aktuellen Bereich
Strg + Bild ↓	Auswählen eines Diagrammblatts: das nächste Blatt der Arbeitsmappe auswählen, bis das gewünschte Diagrammblatt ausgewählt ist
Strg + Bild ↑	Auswählen eines Diagrammblatts: das vorherige Blatt der Arbeitsmappe auswählen, bis das gewünschte Diagrammblatt ausgewählt ist
↓	Auswählen der vorherigen Elementgruppe in einem Diagramm
↑	Auswählen der nächsten Elementgruppe in einem Diagramm
→	Auswählen des nächsten Elements innerhalb einer Gruppe
←	Auswählen des vorherigen Elements innerhalb einer Gruppe

Funktionstasten und Kombinationen mit Funktionstasten

Taste	Beschreibung
F1	Anzeigen des Fensters *Excel-Hilfe*
Strg + F1	Reduzieren oder Erweitern des Menübands
Alt + F1	Erstellen eines eingebetteten Diagramms mit den Daten im aktuellen Bereich
Alt + ⇧ + F1	Einfügen eines neuen Arbeitsblatts
F2	Bearbeiten der aktiven Zelle und Positionieren des Cursors am Ende des Zelleninhalts; außerdem Verschieben des Cursors in die Bearbeitungsleiste, wenn die Zellbearbeitung deaktiviert ist
⇧ + F2	Hinzufügen eines Zellkommentars oder Bearbeiten eines Zellkommentars
Strg + F2	Anzeigen des Seitenansichtsbereichs in der Backstage-Ansicht der Registerkarte *Datei*
F3	Anzeigen des Dialogfeldes *Namen einfügen* (nur verfügbar, wenn in der Arbeitsmappe Namen definiert wurden)

Funktionstasten und Kombinationen mit Funktionstasten

⇧ + F3	Anzeigen des Dialogfeldes *Funktion einfügen*
F4	Wiederholen des letzten Befehls oder der letzten Aktion, sofern möglich
⇧ + F4	Wiederholen des letzten Suchvorgangs
Strg + F4	Schließen des markierten Arbeitsmappenfensters
Alt + F4	Schließen von Excel
F5	Anzeigen des Dialogfeldes *Gehe zu*
Strg + F5	Wiederherstellen der Fenstergröße des ausgewählten Arbeitsmappenfensters
F6	Wechseln zwischen Arbeitsblatt, Menüband, Aufgabenbereich und Statusleiste. Bei einem geteilten Fenster bezieht F6 beim Wechseln zwischen Fenstern und dem Menüband die geteilten Fenster ein.
⇧ + F6	Wechseln zwischen Arbeitsblatt, Statusleiste, Aufgabenbereich und Menüband
Strg + F6	Wechseln zum nächsten Arbeitsmappenfenster, wenn mehr als ein Arbeitsmappenfenster geöffnet ist
F7	Anzeigen des Dialogfeldes *Rechtschreibung*, um die Rechtschreibung im aktiven Arbeitsblatt oder im markierten Bereich zu überprüfen
Strg + F7	Ausführen des Befehls *Verschieben* im Arbeitsmappenfenster, wenn das Fenster nicht maximiert ist. Verschieben Sie das Fenster mit den Pfeiltasten und drücken Sie die ↵, wenn sich das Fenster an der gewünschten Stelle befindet, oder drücken Sie Esc, um den Vorgang abzubrechen.
F8	Aktivieren oder Deaktivieren des Erweiterungsmodus. Im Erweiterungsmodus wird in der Statusleiste *Auswahl erweitern* angezeigt, und mithilfe der Pfeiltasten kann die Auswahl erweitert werden.
⇧ + F8	Hinzufügen einer nicht angrenzenden Zelle oder eines nicht angrenzenden Bereichs zu einer Zellauswahl mithilfe der Pfeiltasten
Strg + F8	Ausführen des Befehls *Größe ändern*, wenn das Arbeitsmappenfenster nicht maximiert ist

Funktionstasten und Kombinationen mit Funktionstasten

Alt + F8	Anzeigen des Dialogfeldes *Makro*, um ein Makro zu erstellen, auszuführen, zu bearbeiten oder zu löschen
F9	Berechnen aller Arbeitsblätter in allen geöffneten Arbeitsmappen
⇧ + F9	Berechnen des aktiven Arbeitsblatts
Strg + Alt + F9	Berechnen aller Arbeitsblätter in allen geöffneten Arbeitsmappen, auch wenn sich diese seit der letzten Berechnung nicht geändert haben
Strg + Alt + ⇧ + F9	Überprüfen abhängiger Formeln und Berechnen aller Zellen in allen geöffneten Arbeitsmappen, auch der Zellen, die nicht zum Berechnen markiert sind
Strg + F9	Minimieren des Arbeitsmappenfensters
F10 oder Alt	Aktivieren bzw. Deaktivieren der Zugriffstasteninfos im Menüband
⇧ + F10	Anzeigen des Kontextmenüs für das markierte Element
Alt + ⇧ + F10	Anzeigen des Menüs oder der Nachricht einer Fehlerüberprüfungsschaltfläche
Strg + F10	Maximieren bzw. Wiederherstellen des Arbeitsmappenfensters
F11	Erstellen eines Diagramms mit den Daten im aktuellen Bereich auf einem separaten Diagrammblatt
⇧ + F11	Einfügen eines neuen Arbeitsblatts
Alt + F11	Öffnen des Visual Basic-Editors, mit dessen Hilfe Sie mit Visual Basic für Applikationen (VBA) Makros erstellen und bearbeiten können
F12	Anzeigen des Dialogfeldes *Speichern unter*

Tastenkombinationen mit Strg

Strg +)	Einblenden ausgeblendeter Zeilen im markierten Bereich
Strg + ⇧ + -	Hinzufügen eines Außenrahmens um die markierten Zellen
Strg + >	Entfernen des Außenrahmens um die markierten Zellen

Tastenkombinationen mit `Strg`

`Strg` + `&`	Zuweisen des Standardzahlenformats
`Strg` + `$`	Zuweisen des Währungsformats mit zwei Dezimalstellen (negative Zahlen in Rot)
`Strg` + `%`	Zuweisen des Prozentformats ohne Dezimalstellen
`Strg` + `"`	Zuweisen des Exponentialzahlenformats mit zwei Dezimalstellen
`Strg` + `#`	Zuweisen des Datumsformats mit Tag, Monat und Jahr
`Strg` + `!`	Zuweisen des Zahlenformats mit zwei Dezimalstellen, Tausendertrennzeichen und Minuszeichen für negative Werte
`Strg` + `⇧` + `*`	Markieren des aktuellen Bereichs um die aktive Zelle (Datenbereich, der von leeren Zeilen und leeren Spalten umgeben ist); bei einer PivotTable Markieren des gesamten PivotTable-Berichts
`Strg` + `:`	Eingeben der aktuellen Uhrzeit
`Strg` + `;`	Kopieren des Wertes aus der Zelle über der aktiven Zelle in die Zelle oder in die Bearbeitungsleiste
`Strg` + `+`	Anzeigen des Dialogfeldes *Zellen einfügen*
`Strg` + `-`	Anzeigen des Dialogfeldes *Löschen*
`Strg` + `.`	Eingeben des aktuellen Datums
`Strg` + `,`	Kopieren einer Formel aus der Zelle über der aktiven Zelle in die Zelle oder in die Bearbeitungsleiste
`Strg` + `1`	Anzeigen des Dialogfeldes *Zellen formatieren*
`Strg` + `2`	Zuweisen der Formatierung *Fett* bzw. Aufheben der Formatierung
`Strg` + `3`	Zuweisen der Formatierung *Kursiv* bzw. Aufheben der Formatierung
`Strg` + `4`	Zuweisen der Formatierung *Unterstreichen* oder bzw. Aufheben der Formatierung
`Strg` + `5`	Zuweisen der Formatierung *Durchgestrichen* oder bzw. Aufheben der Formatierung
`Strg` + `6`	Ein- bzw. Ausblenden von Objekten

Tastenkombinationen mit Strg

Strg + 8	Ausblenden der markierten Spalten
Strg + 9	Ausblenden der markierten Zeilen
Strg + A	Markieren des gesamten Arbeitsblatts; enthält das Arbeitsblatt Daten, Auswählen des aktuellen Bereichs; durch erneutes Drücken von Strg + A Auswählen des gesamten Arbeitsblatts. Befindet sich der Cursor in einer Formel rechts neben einem Funktionsnamen, Anzeige des Dialogfeldes *Funktionsargumente*.
Strg + ⇧ + A	Einfügen der Argumentnamen und Klammern, wenn sich der Cursor in einer Formel rechts neben einem Funktionsnamen befindet
Strg + ⇧ + F	Zuweisen der Formatierung *Fett* bzw. Aufheben der Formatierung
Strg + C	Kopieren der markierten Zellen
Strg + F oder ⇧ + F5	Anzeigen des Dialogfeldes *Suchen und Ersetzen*, wobei die Registerkarte *Suchen* ausgewählt ist
Strg + G oder F5	Anzeigen des Dialogfeldes *Gehe zu*
Strg + H	Anzeigen des Dialogfeldes *Suchen und Ersetzen*, wobei die Registerkarte *Ersetzen* ausgewählt ist
Strg + ⇧ + K	Zuweisen der Formatierung *Kursiv* bzw. Aufheben der Formatierung
Strg + K	Anzeigen des Dialogfeldes *Hyperlink einfügen*; ist ein vorhandener Hyperlink markiert, Anzeige des Dialogfeldes *Hyperlink bearbeiten*
Strg + L	Anzeigen des Dialogfeldes *Tabelle erstellen*
Strg + N	Erstellen einer neuen, leeren Arbeitsmappe
Strg + O	Anzeigen des Dialogfeldes *Öffnen*
Strg + ⇧ + O	Markieren aller Zellen, die Kommentare enthalten
Strg + P	Anzeigen der Kategorie *Drucken* in der Backstage-Ansicht der Registerkarte *Start*
Strg + ⇧ + P	Öffnen des Dialogfeldes *Zellen formatieren*, wobei die Registerkarte *Schrift* ausgewählt ist

Strg + R	Verwenden des Befehls *Rechts ausfüllen*, um den Inhalt und das Format der Zelle ganz links in einem markierten Bereich in die Zellen rechts daneben zu kopieren
Strg + S	Speichern der Datei unter dem aktuellen Dateinamen im aktuellen Dateiformat am aktuellen Speicherort
Strg + T	Anzeigen des Dialogfeldes *Tabelle erstellen*
Strg + U	Verwenden des Befehls *Unten ausfüllen*, um den Inhalt und das Format der obersten Zelle eines markierten Bereichs in die darunterliegenden Zellen zu kopieren
Strg + ⇧ + U	Zuweisen der Formatierung *Unterstreichen* oder bzw. Aufheben der Formatierung
Strg + V	Einfügen des Inhalts der Zwischenablage an der aktuellen Cursorposition und Ersetzen einer möglichen Auswahl
Strg + Alt + V	Anzeigen des Dialogfeldes *Inhalte einfügen* (nur verfügbar, wenn zuvor ausgeschnitten oder kopiert wurde)
Strg + W	Schließen des markierten Arbeitsmappenfensters
Strg + X	Ausschneiden der markierten Zellen
Strg + Y	Wiederholen des letzten Befehls oder der letzten Aktion, sofern möglich
Strg + Z	Verwenden des Befehls *Rückgängig*, um den letzten Befehl rückgängig zu machen oder den zuletzt eingegebenen Eintrag zu löschen

PowerPoint 2010 und 2013

- Navigieren und Markieren: Seite 72
- Formatieren und Ausrichten: Seite 74
- Präsentieren: Seite 76

Zu den programmübergreifenden Tastenkombinationen in den Microsoft Office-Anwendungen siehe Seite 34 ff.

Navigieren und Markieren

Zwischen Bereichen wechseln

`F6`	Wechseln im Uhrzeigersinn zwischen Fensterbereichen in der Normalansicht
`⇧` + `F6`	Wechseln gegen den Uhrzeigersinn zwischen Fensterbereichen in der Normalansicht
`Strg` + `⇧` + `⇆`	Umschalten zwischen den Registerkarten *Folien* und *Gliederung* in der Normalansicht

In Texten navigieren

`←`	Wechseln um ein Zeichen nach links
`→`	Wechseln um ein Zeichen nach rechts
`↑`	Wechseln um eine Zeile nach oben
`↓`	Wechseln um eine Zeile nach unten
`Strg` + `←`	Wechseln um ein Wort nach links
`Strg` + `→`	Wechseln um ein Wort nach rechts
`Ende`	Wechseln an das Ende einer Zeile
`Pos1`	Wechseln an den Anfang einer Zeile
`Strg` + `↑`	Wechseln um einen Absatz nach oben
`Strg` + `↓`	Wechseln um einen Absatz nach unten
`Strg` + `Ende`	Wechseln an das Ende eines Textfeldes
`Strg` + `Pos1`	Wechseln an den Anfang eines Textfeldes
`Strg` + `↵`	Wechseln zum nächsten Titel- oder Untertitelplatzhalter

In Tabellen navigieren und Tabellen bearbeiten

`⇆`	Wechseln zur nächsten Zelle
`⇧` + `⇆`	Wechseln zur vorhergehenden Zelle
`↓`	Wechseln zur nächsten Zeile
`↑`	Wechseln zur vorhergehenden Zeile

In Tabellen navigieren und Tabellen bearbeiten

`Strg` + `⇥`	Einfügen eines Tabstopps in eine Zelle
`↵`	Einfügen eines neuen Absatzes in der Zelle
`⇥` am Ende der letzten Zeile	Einfügen einer neuen Zeile am unteren Ende der Tabelle

In der Gliederung arbeiten

`Alt` + `⇧` + `←`	Höherstufen eines Absatzes
`Alt` + `⇧` + `→`	Tieferstufen eines Absatzes
`Alt` + `⇧` + `↑`	Verschieben markierter Absätze nach oben
`Alt` + `⇧` + `↓`	Verschieben markierter Absätze nach unten
`Alt` + `⇧` + `1`	Reduzieren der Anzeige auf die Überschriftenebene 1
`Alt` + `⇧` + `+`	Erweitern von Text unterhalb einer Überschrift
`Alt` + `⇧` + `-`	Reduzieren von Text unterhalb einer Überschrift

Raster und Führungslinien

`⇧` + `F9`	Ein- oder Ausblenden des Rasters
`Alt` + `F9`	Ein- oder Ausblenden der Führungslinien

Text und Objekte markieren

`⇧` + `→`	Markieren eines Zeichens rechts vom Cursor
`⇧` + `←`	Markieren eines Zeichens links vom Cursor
`Strg` + `⇧` + `→`	Markieren vom Cursor bis zum Ende des Wortes
`Strg` + `⇧` + `←`	Markieren vom Cursor bis zum Anfang des Wortes
`⇧` + `↑`	Markieren bis zur darüberliegenden Zeile (wenn der Cursor am Anfang der Zeile steht)
`⇧` + `↓`	Markieren bis zur darunterliegenden Zeile (wenn der Cursor am Anfang der Zeile steht)
`Esc`	Markieren eines Objekts (wenn der Text innerhalb des Objekts markiert ist)

Text und Objekte markieren

⇥ oder ⇧ + ⇥, bis das gewünschte Objekt markiert ist	Markieren eines Objekts (wenn ein Objekt markiert ist)
↵	Markieren von Text innerhalb eines Objekts (wobei bereits ein Objekt markiert ist)
Strg + A	In der Normalansicht im Folienbereich Markieren aller Objekte; in der Ansicht *Foliensortierung* Markieren aller Folien; auf der Registerkarte *Gliederung* Markieren des gesamten Texts

Text und Objekte löschen und kopieren

←	Löschen des Zeichens links vom Cursor
Strg + ←	Löschen des Wortes links vom Cursor
Entf	Löschen des Zeichens rechts vom Cursor
Strg + Entf	Löschen des Wortes rechts vom Cursor (hierzu muss sich der Cursor zwischen zwei Wörtern befinden)
Strg + X	Ausschneiden des markierten Objekts oder Texts
Strg + C	Kopieren des markierten Objekts oder Texts
Strg + V	Einfügen des ausgeschnittenen oder kopierten Objekts oder Texts
Strg + Z	Rückgängigmachen der letzten Aktion
Strg + Y	Wiederherstellen der letzten Aktion
Strg + ⇧ + C	Kopieren nur der Formatierung
Strg + ⇧ + V	Einfügen nur der Formatierung
Strg + Alt + V	Öffnen des Dialogfeldes *Inhalte einfügen* (es muss zuvor etwas in die Zwischenablage ausgeschnitten oder kopiert worden sein)

Formatieren und Ausrichten

Schriftart oder Schriftgrad ändern

Strg + ⇧ + A oder Strg + T	Öffnen des Dialogfeldes *Schriftart* zum Ändern der Schriftart

Schriftart oder Schriftgrad ändern

`Strg` + `:`	Vergrößern des Schriftgrads
`Strg` + `:`	Verkleinern des Schriftgrads

Zeichenformate zuweisen

`Strg` + `T` oder `Strg` + `⇧` + `A`	Öffnen des Dialogfeldes *Schriftart* zum Ändern der Zeichen-formatierung
`⇧` + `F3`	Wechseln der Groß-/Kleinschreibung von Buchstaben zwischen ersten Buchstaben großschreiben, alles Kleinbuchstaben und alles Großbuchstaben
`Strg` + `⇧` + `F`	Zuweisen bzw. Aufheben der Fettformatierung
`Strg` + `U`	Zuweisen bzw. Aufheben der Unterstreichung
`Strg` + `⇧` + `K`	Zuweisen bzw. Aufheben der Kursivformatierung
`Strg` + `+`	Zuweisen bzw. Aufheben der Formatierung *Tiefgestellt* (auto-matische Anpassung der Abstände)
`Strg` + `*`	Zuweisen bzw. Aufheben der Formatierung *Hochgestellt* (auto-matische Anpassung der Abstände)
`Strg` + `Leertaste`	Entfernen der manuellen Zeichenformatierung, z.B. Tief- und Hochstellung
`Strg` + `K`	Einfügen eines Hyperlinks

Textformate kopieren

`Strg` + `⇧` + `C`	Kopieren von Formaten
`Strg` + `⇧` + `V`	Einfügen von Formaten

Absätze ausrichten

`Strg` + `E`	Zentrieren des Absatzes
`Strg` + `J`	Formatieren des Absatzes im Blocksatz
`Strg` + `L`	Linksbündiges Ausrichten des Absatzes
`Strg` + `R`	Rechtsbündiges Ausrichten des Absatzes

Präsentieren

Präsentation ausführen

F5	Starten einer Präsentation am Anfang
← oder Bild ↓ oder → oder ↓ oder Leertaste	Ausführen der nächsten Animation oder Wechsel zur nächsten Folie
Nummer+ ←	Wechseln zur Folie mit der entsprechenden Nummer
B oder .	Anzeigen einer leeren schwarzen Folie oder Zurückkehren zur Präsentation von einer leeren schwarzen Folie
W oder ,	Anzeigen einer leeren weißen Folie oder Zurückkehren zur Präsentation von einer leeren, weißen Folie
S	Beenden oder Neustarten einer automatischen Präsentation
Esc oder -	Beenden einer Präsentation
H	Wechsel zur nächsten Folie, wenn die nächste Folie ausgeblendet ist
T	Festlegen neuer Einblendezeiten beim Probelauf
O	Verwenden der ursprünglichen Einblendezeiten beim Probelauf
M	Wechseln zur nächsten Folie durch Mausklick beim Probelauf
R	Neuaufnahme und zeitliche Abstimmung des Kommentars
A oder =	Ein- und Ausblenden des Zeigers
Strg + P	Umwandeln des Zeigers in einen Stift
Strg + A	Umwandeln des Zeigers in einen Pfeil
Strg + E	Umwandeln des Zeigers in einen Radiergummi
Strg + M	Ein- und Ausblenden von Freihandmarkierungen
Strg + H	Sofortiges Ausblenden von Zeiger und Navigationsschaltfläche
Strg + U	Ausblenden von Zeiger und Navigationsschaltfläche nach 15 Sekunden

Präsentation ausführen

`Strg` + `S`	Anzeigen des Dialogfeldes *Alle Folien*
`Strg` + `T`	Einblenden der Windows-Taskleiste
`⇧` + `F10`	Anzeigen des Kontextmenüs
`⇥`	Wechseln zum ersten oder zum nächsten Hyperlink auf einer Folie
`⇧` + `⇥`	Wechseln zum letzten bzw. vorhergehenden Hyperlink auf einer Folie
`↵`, wenn ein Hyperlink markiert wurde	Ausführen der Mausklickaktion des markierten Hyperlinks

Medienclips wiedergeben

`Alt` + `P`	Abspielen oder Anhalten von Medien
`Alt` + `Q`	Beenden der Medienwiedergabe
`Alt` + `↑`	Erhöhen der Lautstärke
`Alt` + `↓`	Verringern der Lautstärke
`Alt` + `⇧` + `→`	Suche vorwärts
`Alt` + `⇧` + `←`	Suche rückwärts
`Alt` + `⇧` + `Strg` + `→`	Präzisionsausrichtung vorwärts
`Alt` + `⇧` + `Strg` + `←`	Präzisionsausrichtung rückwärts
`Alt` + `U`	Stummschalten

Webpräsentation durchsuchen

`⇥`	Vorwärts durch die Hyperlinks in einer Webpräsentation, die Adressleiste und die Linkleiste
`⇧` + `⇥`	Rückwärts durch die Hyperlinks in einer Webpräsentation, die Adressleiste und die Linkleiste
`↵`	Ausführen der Mausklickaktion des markierten Hyperlinks
`Leertaste`	Wechseln zur nächsten Folie

Im Aufgabenbereich »Auswahl und Sichtbarkeit« arbeiten

`F6`	Durchlaufen des Fokus durch die anderen Bereiche
`⇧` + `F10`	Anzeigen des Kontextmenüs
`↓` oder `↑`	Verschieben des Fokus auf ein einzelnes Element oder eine Gruppe
`←`	Verschieben des Fokus von einem Element in einer Gruppe zur übergeordneten Gruppe
`→`	Verschieben des Fokus von einer Gruppe zum ersten Element in dieser Gruppe
`*` (auf Zehnertastatur)	Erweitern einer markierten Gruppe und all ihrer untergeordneten Gruppen
`+` (auf Zehnertastatur)	Erweitern einer markierten Gruppe
`-` (auf Zehnertastatur)	Reduzieren einer markierten Gruppe
`⇧` + `↑` oder `⇧` + `↓`	Verschieben des Fokus zu einem Element und Markieren des Elements
`Leertaste` oder `↵`	Auswählen eines markierten Elements
`⇧` + `Leertaste` oder `⇧` + `↵`	Aufheben der Auswahl eines markierten Elements
`Strg` + `⇧` + `F`	Verschieben eines markierten Elements nach vorn
`Strg` + `⇧` + `B`	Verschieben eines markierten Elements nach hinten
`Strg` + `⇧` + `S`	Ein- oder Ausblenden eines markierten Elements
`F2`	Umbenennen eines markierten Elements
`⇆` oder `⇧` + `⇆`	Wechseln des Tastaturfokus innerhalb des Auswahlbereichs zwischen Baumansicht und den Schaltflächen *Alle anzeigen* und *Alle ausblenden*
`Alt` + `⇧` + `9`	Erweitern aller Gruppen

Outlook 2010 und 2013

- In allen Outlook-Bereichen: Seite 79
- In einzelnen Outlook-Bereichen: Seite 83
- Ansichten: Seite 88

In allen Outlook-Bereichen

Zwischen Elementen navigieren

`Strg` + `1`	Wechseln zu E-Mail
`Strg` + `2`	Wechseln zu Kalender
`Strg` + `3`	Wechseln zu Kontakte
`Strg` + `4`	Wechseln zu Aufgaben
`Strg` + `5`	Wechseln zu Notizen
`Strg` + `6`	Wechseln zur Ordnerliste im Navigationsbereich
`Strg` + `7`	Wechseln zu Verknüpfungen
`Strg` + `.`	Wechseln zur nächsten Nachricht (bei geöffneter Nachricht)
`Strg` + `,`	Wechseln zur vorherigen Nachricht (bei geöffneter Nachricht)
`Strg` + `⇧` + `⇆` oder `⇧` + `⇆`	Wechseln zwischen dem Navigationsbereich, dem Outlook-Hauptfenster, dem Lesebereich und der Aufgabenleiste
`⇆`	Wechseln zwischen dem Outlook-Fenster, den kleineren Bereichen im Navigationsbereich, dem Lesebereich und den Abschnitten in der Aufgabenleiste
`F6`	Wechseln zwischen dem Outlook-Fenster, den kleineren Bereichen im Navigationsbereich, dem Lesebereich und den Abschnitten in der Aufgabenleiste sowie Anzeigen der Zugriffstasteninfos im Menüband
`Strg` + `⇆`	Wechseln zwischen Nachrichtenkopfzeilen im Navigationsbereich oder in einer angezeigten Nachricht
Pfeiltasten	Wechseln im Navigationsbereich
`Strg` + `Y`	Wechseln zu einem anderen Ordner
`F3` oder `Strg` + `E`	Wechseln zum Feld *Suchen*
`Alt` + `↑` oder `Strg` + `,` oder `Alt` + `Bild ↑`	Anzeigen der vorherigen Nachricht im Lesebereich
`Leertaste`	Scrollen im Lesebereich nach unten

Zwischen Elementen navigieren

$\boxed{\Diamond}$ + $\boxed{\text{Leertaste}}$	Scrollen im Lesebereich nach oben
$\boxed{\leftarrow}$ oder $\boxed{\rightarrow}$	Erweitern oder Reduzieren einer Gruppe in der Liste mit E-Mail-Nachrichten
$\boxed{\text{Alt}}$ + $\boxed{\leftarrow}$ oder $\boxed{\text{Alt}}$ + $\boxed{\text{B}}$	Zurück zur vorherigen Ansicht im Outlook-Hauptfenster
$\boxed{\text{Alt}}$ + $\boxed{\rightarrow}$	Vorwärts zur nächsten Ansicht im Outlook-Hauptfenster
$\boxed{\text{Strg}}$ + $\boxed{\Diamond}$ + $\boxed{\text{W}}$	Aktivieren der Infoleiste und Aufrufen des Befehlsmenüs (sofern verfügbar)

Im Datumsnavigator arbeiten

$\boxed{\text{Alt}}$ + $\boxed{\text{Pos1}}$	Wechseln zum ersten Tag der aktuellen Woche
$\boxed{\text{Alt}}$ + $\boxed{\text{Ende}}$	Wechseln zum letzten Tag der aktuellen Woche
$\boxed{\text{Alt}}$ + $\boxed{\uparrow}$	Wechseln zum gleichen Tag in der vorherigen Woche
$\boxed{\text{Alt}}$ + $\boxed{\downarrow}$	Wechseln zum gleichen Tag in der nächsten Woche

Suchen

$\boxed{\text{Strg}}$ + $\boxed{\text{E}}$	Suchen nach einer Nachricht oder nach einem anderen Element
$\boxed{\text{Esc}}$	Löschen der Suchergebnisse
$\boxed{\text{Strg}}$ + $\boxed{\text{Alt}}$ + $\boxed{\text{A}}$	Erweitern der Suche auf *Alle E-Mail-Elemente*, *Alle Kalenderelemente* oder *Alle Kontaktelemente*, je nachdem, welches Modul aktiv ist
$\boxed{\text{Strg}}$ + $\boxed{\Diamond}$ + $\boxed{\text{F}}$	Verwenden des Dialogfeldes *Erweiterte Suche*
$\boxed{\text{Strg}}$ + $\boxed{\Diamond}$ + $\boxed{\text{P}}$	Erstellen eines neuen Suchordners
$\boxed{\text{F4}}$	Suchen nach Text in einem geöffneten Element
$\boxed{\text{Strg}}$ + $\boxed{\text{H}}$	Suchen und Ersetzen von Textsymbolen oder von Formatierungsbefehlen (kann bei einem geöffneten Element im Lesebereich verwendet werden)
$\boxed{\text{Strg}}$ + $\boxed{\text{Alt}}$ + $\boxed{\text{K}}$	Erweitern der Suche auf Elemente im aktuellen Ordner
$\boxed{\text{Strg}}$ + $\boxed{\text{Alt}}$ + $\boxed{\text{Z}}$	Erweitern der Suche auf die Unterordner

Elemente kennzeichnen

`Strg` + `⇧` + `G`	Kennzeichnen des Elements zur Nachverfolgung

Elemente erstellen

`Strg` + `⇧` + `A`	Erstellen eines Termins
`Strg` + `⇧` + `C`	Erstellen eines Kontakts
`Strg` + `⇧` + `E`	Erstellen eines Ordners
`Strg` + `⇧` + `H`	Erstellen eines Microsoft Office-Dokuments
`Strg` + `⇧` + `J`	Erstellen eines Journaleintrags
`Strg` + `⇧` + `K`	Erstellen einer Aufgabe
`Strg` + `⇧` + `L`	Erstellen einer Verteilerliste
`Strg` + `⇧` + `M`	Erstellen einer Nachricht
`Strg` + `⇧` + `N`	Erstellen einer Notiz
`Strg` + `⇧` + `P`	Erstellen eines Suchordners
`Strg` + `⇧` + `Q`	Erstellen einer Besprechungsanfrage
`Strg` + `⇧` + `S`	Erstellen eines Diskussionsbeitrags
`Strg` + `⇧` + `T`	Erstellen einer Textnachricht (SMS)
`Strg` + `⇧` + `X`	Erstellen eines Fax
`Strg` + `Alt` + `⇧` + `U`	Erstellen einer Aufgabenanfrage

Mit Elementen arbeiten

`Strg` + `S` oder `⇧` + `F12`	Speichern (außer in Aufgaben)
`Alt` + `S`	Speichern und Schließen (außer in E-Mail)
`F12`	Speichern unter (außer in E-Mail)
`Strg` + `Z` oder `Alt` + `←`	Rückgängig
`Strg` + `D`	Löschen eines Elements
`Strg` + `P`	Drucken
`Strg` + `⇧` + `Y`	Kopieren eines Elements

Mit Elementen arbeiten

Strg + ⇧ + V	Verschieben eines Elements
Strg + K	Prüfen eines Namens
F7	Prüfen der Rechtschreibung
Strg + ⇧ + G	Kennzeichnen zur Nachverfolgung
Strg + F	Weiterleiten
F9	Alle senden oder bereitstellen oder einladen
F2	Aktivieren der Bearbeitung in einem Feld (außer in E-Mail oder in der Symbolansicht)
Strg + L	Textausrichtung links
Strg + E	Textausrichtung zentrieren
Strg + R	Textausrichtung rechts

Text formatieren

Strg + ⇧ + P	Anzeigen des Dialogfeldes *Schriftart*
⇧ + F3	Wechseln zwischen Groß- und Kleinschreibung (bei markiertem Text)
Strg + ⇧ + F	Zuweisen bzw. Aufheben der Fettformatierung
Strg + ⇧ + K	Zuweisen bzw. Aufheben der Kursivformatierung
Strg + ⇧ + L	Hinzufügen bzw. Entfernen von Aufzählungszeichen
Strg + T	Vergrößern des Einzugs
Strg + ⇧ + T	Verkleinern des Einzugs
Strg + L	Ausrichtung links
Strg + E	Zentrieren
Strg + U	Unterstreichen
Strg + >	Vergrößern des Schriftgrads
Strg + <	Verkleinern des Schriftgrads
Strg + X oder ⇧ + Entf	Ausschneiden

Text formatieren

Tastenkombination	Beschreibung
`Strg`+`C` oder `Strg`+`Einfg`	Kopieren
`Strg`+`V` oder `⇧`+`Einfg`	Einfügen
`Strg`+`⇧`+`Z` oder `Strg`+`Leertaste`	Löschen der Formatierung
`Strg`+`⇧`+`H`	Löschen des nächsten Wortes
`Strg`+`⇧`+`J`	Dehnen eines Absatzes, sodass er zwischen die Seitenränder passt
`Strg`+`⇧`+`S`	Anwenden von Formatvorlagen
`Strg`+`T`	Festlegen eines hängenden Einzugs
`Strg`+`K`	Einfügen eines Hyperlinks
`Strg`+`L`	Ausrichten des Absatzes am linken Rand
`Strg`+`R`	Ausrichten des Absatzes am rechten Rand
`Strg`+`⇧`+`T`	Verkleinern des hängenden Einzugs
`Strg`+`Q`	Entfernen der Absatzformatierung

In einzelnen Outlook-Bereichen

E-Mail

Tastenkombination	Beschreibung
`Strg`+`⇧`+`I`	Wechseln zu Posteingang
`Strg`+`⇧`+`O`	Wechseln zu Postausgang
`Strg`+`K`	Überprüfen von Namen
`Alt`+`S`	Senden
`Strg`+`R`	Antworten auf eine Nachricht
`Strg`+`⇧`+`R`	Antworten auf eine Nachricht an alle
`Strg`+`Alt`+`R`	Antworten mit Besprechungsanfrage
`Strg`+`F`	Weiterleiten einer Nachricht
`Strg`+`Alt`+`F`	Weiterleiten als Anlage

E-Mail

Tastenkombination	Funktion
`Strg` + `Alt` + `J`	Aufheben der Junk-E-Mail-Markierung einer Nachricht
`Strg` + `⇧` + `I`	Anzeigen von gesperrtem externem Inhalt (in einer Nachricht)
`Strg` + `⇧` + `S`	Bereitstellen einer öffentliche Nachricht in diesem Ordner
`Strg` + `⇧` + `N`	Zuweisen der Formatvorlage *Standard*
`Strg` + `M` oder `F9`	Suchen nach neuen E-Mail-Nachrichten auf dem E-Mail-Server
`↑`	Wechseln zur vorherigen Nachricht
`↓`	Wechseln zu nächsten Nachricht
`Strg` + `N`	Erstellen einer Nachricht (in *E-Mail*)
`Strg` + `⇧` + `M`	Erstellen einer Nachricht (in einer beliebigen Ansicht von Outlook)
`Strg` + `O`	Öffnen einer empfangenen Nachricht
`Strg` + `⇧` + `D`	Löschen und Ignorieren einer Unterhaltung
`Strg` + `⇧` + `B`	Öffnen des Adressbuchs
`Einfg`	Hinzufügen einer Direktkennzeichnung zu einer ungeöffneten Nachricht
`Strg` + `⇧` + `G`	Anzeigen des Dialogfeldes zum Kennzeichen von Elementen zur Nachverfolgung
`Strg` + `Q`	Markieren als gelesen
`Strg` + `U`	Markieren als ungelesen
`Strg` + `⇧` + `W`	Öffnen der E-Mail-Info in der ausgewählten Nachricht
`F4`	Öffnen des Dialogfeldes *Suchen und Ersetzen*
`⇧` + `F4`	Weitersuchen
`Strg` + `↵`	Senden
`Strg` + `P`	Drucken
`Alt` + `↵`	Anzeigen der Eigenschaften für das ausgewählte Element
`Strg` + `⇧` + `U`	Erstellen einer Multimedianachricht
`Strg` + `⇧` + `T`	Erstellen einer Textnachricht (SMS)
`Strg` + `Alt` + `M`	Markieren zum Herunterladen

E-Mail

`Strg` + `Alt` + `U`	Aufheben der Markierung zum Herunterladen
`F9`	Starten der Übermittlung für alle definierten Übermittlungsgruppen
`⇧` + `F9`	Starten der Übermittlung für den aktuellen Ordner
`Strg` + `M`	Starten der Übermittlung
`Strg` + `Alt` + `S`	Definieren von Übermittlungsgruppen
`Strg` + `B`	Anzeigen des Senden/Empfangen-Fortschritts (wenn *Senden/Empfangen* ausgeführt wird)

Kalender

`Strg` + `N`	Erstellen eines neuen Termins (in *Kalender*)
`Strg` + `⇧` + `A`	Erstellen eines neuen Termins (in einer beliebigen Ansicht von Outlook)
`Strg` + `⇧` + `Q`	Erstellen einer neuen Besprechungsanfrage
`Strg` + `F`	Weiterleiten eines Termins oder einer Besprechung
`Strg` + `R`	Antworten auf eine Besprechungsanfrage mit einer Nachricht an alle
`Strg` + `⇧` + `R`	Antworten auf eine Besprechungsanfrage mit einer Nachricht
`Alt` + `0`	Anzeigen von zehn Tagen im Kalender
`Alt` + `1`	Anzeigen von einem Tag im Kalender
`Alt` + `2`	Anzeigen von zwei Tagen im Kalender
`Alt` + `3`	Anzeigen von drei Tagen im Kalender
`Alt` + `4`	Anzeigen von vier Tagen im Kalender
`Alt` + `5`	Anzeigen von fünf Tagen im Kalender
`Alt` + `6`	Anzeigen von sechs Tagen im Kalender
`Alt` + `7`	Anzeigen von sieben Tagen im Kalender
`Alt` + `8`	Anzeigen von acht Tagen im Kalender
`Alt` + `9`	Anzeigen von neun Tagen im Kalender

Kalender

`Strg`+`G`	Wechseln zu einem bestimmten Datum
`Alt`+`=` oder `Strg`+`Alt`+`4`	Wechseln zur Monatsansicht
`Strg`+`→`	Wechseln zum nächsten Tag
`Alt`+`↓`	Wechseln zur nächsten Woche
`Alt`+`Bild ↓`	Wechseln zum nächsten Monat
`Strg`+`←`	Wechseln zum vorherigen Tag
`Alt`+`↑`	Wechseln zur vorherigen Woche
`Alt`+`Bild ↑`	Wechseln zum vorherigen Monat
`Alt`+`Pos1`	Wechseln zum Anfang der Woche
`Alt`+`Ende`	Wechseln zum Ende der Woche
`Alt`+`-` oder `Strg`+`Alt`+`3`	Wechseln zur Ansicht der vollen Woche
`Strg`+`Alt`+`2`	Wechseln zur Ansicht der Arbeitswoche
`Strg`+`,`	Wechseln zum vorherigen Termin
`Strg`+`.`	Wechseln zum nächsten Termin
`Strg`+`G`	Festlegen einer Serie für den geöffneten Termin oder das geöffnete Besprechungselement

Kontakte

`Strg`+`⇧`+`D`	Neuer Telefonanruf
`F3` oder `Strg`+`E`	Suchen nach einem Kontakt oder einem anderen Element
`⇧`+Buchstabe	In der Tabellen- oder Listenansicht von Kontakten Wechseln zum ersten Kontakt, der mit dem entsprechenden Buchstaben beginnt
`Strg`+`A`	Auswählen aller Kontakte
`Strg`+`F`	Erstellen einer Nachricht mit dem ausgewählten Kontakt als Betreff und Visitenkartenanlage
`Strg`+`J`	Erstellen eines Journaleintrags für den ausgewählten Kontakt

Kontakte

Strg + N	Erstellen eines neuen Kontakts (in *Kontakte*)
Strg + ⇧ + C	Erstellen eines neuen Kontakts (in einer beliebigen Ansicht von Outlook)
Strg + O	Öffnen des Kontaktformulars für den ausgewählten Kontakt
Strg + ⇧ + L	Erstellen einer Verteilerliste
Strg + P	Drucken
F5	Aktualisieren einer Liste mit Mitgliedern der Verteilerliste
Strg + Y	Wechseln zu einem anderen Ordner
Strg + ⇧ + B	Öffnen des Adressbuchs
Strg + ⇧ + F	Verwenden der erweiterten Suche
Strg + ⇧ + .	In einem geöffneten Kontakt Öffnen des als Nächstes in der Liste aufgeführten Kontakts
F11	Suchen nach einem Kontakt
Esc	Schließen des Kontakts
Strg + ⇧ + X	Senden einer Faxnachricht an den ausgewählten Kontakt
Alt + D	Öffnen des Dialogfeldes *Adresse überprüfen*
Alt + ⇧ + 1	Im Kontaktformular Anzeigen der *E-Mail 1*-Informationen
Alt + ⇧ + 2	Im Kontaktformular Anzeigen der *E-Mail 2*-Informationen
Alt + ⇧ + 3	Im Kontaktformular Anzeigen der *E-Mail 3*-Informationen

Aufgaben

Alt + F2	Einblenden oder Ausblenden der Aufgabenleiste
Strg + E	Suchen nach einer Aufgabe oder nach einem anderen Element
Strg + Y	Öffnen des Dialogfeldes *Wechseln zu Ordner*
Strg + N	Erstellen einer neuen Aufgabe (in *Aufgaben*)
Strg + ⇧ + K	Erstellen einer neuen Aufgabe (in einer beliebigen Ansicht von Outlook)

Aufgaben

Tastenkombination	Beschreibung
Strg + O	Öffnen des markierten Elements
Strg + P	Drucken des markierten Elements
Strg + A	Markieren aller Elemente
Strg + D	Löschen des markierten Elements
Strg + F	Weiterleiten einer Aufgabe als Anlage
Strg + ⇧ + Alt + U	Erstellen einer Aufgabenanfrage
⇆ oder ⇧ + ⇆	Wechseln zwischen Navigationsbereich, Aufgabenliste und Aufgabenleiste
Strg + J	Öffnen des markierten Elements als Journaleintrag
Strg + Z	Rückgängigmachen des letzten Vorgangs
Einfg	Kennzeichnen eines Elements als erledigt

Ansichten

Tabellenansicht

Tastenkombination	Beschreibung
↵	Öffnen eines Elements
Strg + A	Markieren aller Elemente
Bild ↓	Wechseln zu dem unten am Bildschirm angezeigten Element
Bild ↑	Wechseln zu dem oben am Bildschirm angezeigten Element
⇧ + ↑ oder ⇧ + ↓	Erweitern oder Reduzieren des Auswahlbereichs um ein Element
Strg + ↑ oder Strg + ↓	Wechseln zum nächsten oder vorherigen Element ohne Erweiterung des Auswahlbereichs
Strg + Leertaste	Auswählen des aktiven Elements oder Aufheben der Auswahl

Bei markierter Gruppe in der Tabellenansicht

Tastenkombination	Beschreibung
→	Erweitern einer einzelnen markierten Gruppe
←	Reduzieren einer einzelnen markierten Gruppe
↑	Markieren der vorherigen Gruppe

Bei markierter Gruppe in der Tabellenansicht

⎵↓	Markieren der nächsten Gruppe
Pos1	Markieren der ersten Gruppe
Ende	Markieren der letzten Gruppe
→	Markieren des ersten Elements im Fenster in einer erweiterten Gruppe oder des ersten Elements außerhalb des Fensters auf der rechten Seite

Alle Kalenderansichten

Alt +Taste für die Anzahl der Tage	Anzeigen von einem bis neun Tagen
Alt + 0	Anzeigen von zehn Tagen
Alt + -	Wechseln zu Wochen
Alt + =	Wechseln zu Monaten
Strg + ⇆ oder F6	Wechseln zwischen Kalender, Aufgabenblock und Ordnerliste
⇧ + ⇆	Markieren des vorherigen Termins
←	Wechseln zum vorherigen Tag
→	Wechseln zum nächsten Tag
Alt + ↓	Wechseln zum gleichen Tag in der nächsten Woche
Alt + ↑	Wechseln zum gleichen Tag in der vorherigen Woche

Tagesansicht des Kalenders

Pos1	Markieren der Uhrzeit, zu der der Arbeitstag beginnt
Ende	Markieren der Uhrzeit, zu der der Arbeitstag endet
↑	Markieren des vorherigen Zeitraums
↓	Markieren des nächsten Zeitraums
Bild ↑	Markieren des Zeitraums oben im Fenster
Bild ↓	Markieren des Zeitraums unten im Fenster
⇧ + ↑ oder ⇧ + ↓	Erweitern oder Reduzieren der markierten Uhrzeit

Wochenansicht des Kalenders

`Pos1`	Wechseln zum Beginn der Arbeitszeit für den markierten Tag
`Ende`	Wechseln zum Ende der Arbeitszeit für den markierten Tag
`Bild ↑`	Um eine Seite nach oben im markierten Tag
`Bild ↓`	Um eine Seite nach unten im markierten Tag
`⇧`+`←`, `⇧`+`→`, `⇧`+`↑`, `⇧`+`↓`	Ändern der Dauer des markierten Zeitraums

Monatsansicht des Kalenders

`Pos1`	Wechseln zum ersten Tag der Woche
`Bild ↑`	Wechseln zum gleichen Tag der Woche auf der vorherigen Seite
`Bild ↓`	Wechseln zum gleichen Tag der Woche auf der nächsten Seite

Ansichten »Visitenkarten« und »Adresskarten«

`↑`	Markieren der vorherigen Karte
`↓`	Markieren der nächsten Karte
`Pos1`	Markieren der ersten Karte in der Liste
`Ende`	Markieren der letzten Karte in der Liste
`Bild ↑`	Markieren der ersten Karte auf der aktuellen Seite
`Bild ↓`	Markieren der ersten Karte auf der nächsten Seite
`→`	Markieren der nächsten Karte in der nächsten Spalte
`←`	Markieren der nächsten Karte in der vorherigen Spalte
`Strg`+`Leertaste`	Markieren der aktiven Karte oder Aufheben der Markierung
`⇧`+`↑`	Erweitern des Auswahlbereichs auf die vorherige Karte und Aufheben der Markierung von Karten nach dem Ausgangspunkt
`⇧`+`↓`	Erweitern des Auswahlbereichs auf die nächste Karte und Aufheben der Markierung von Karten vor dem Ausgangspunkt

Ansichten »Visitenkarten« und »Adresskarten«

`Strg`+`⇧`+`↑`	Erweitern der Markierung auf die vorherige Karte unabhängig vom Ausgangspunkt
`Strg`+`⇧`+`↓`	Erweitern der Markierung auf die nächste Karte unabhängig vom Ausgangspunkt
`⇧`+`Pos1`	Erweitern der Markierung auf die erste Karte in der Liste
`⇧`+`Ende`	Erweitern der Markierung auf die letzte Karte in der Liste
`⇧`+`Bild↑`	Erweitern der Markierung auf die erste Karte auf der vorherigen Seite
`⇧`+`Bild↓`	Erweitern der Markierung auf die letzte Karte auf der letzten Seite

OneNote 2010 und 2013

- Aufzeichnen und Formatieren von Notizen: Seite 91
- Organisieren und Verwalten des Notizbuchs: Seite 97

Aufzeichnen und Formatieren von Notizen

Eingeben und Bearbeiten von Notizen

`Strg`+`M`	Öffnen eines neuen OneNote-Fensters
`Strg`+`⇧`+`M`	Öffnen eines kleinen OneNote-Fensters zum Erstellen einer Randnotiz
`Strg`+`Alt`+`D`	Andocken des OneNote-Fensters
`Strg`+`Z`	Rückgängigmachen der letzten Aktion
`Strg`+`Y`	Wiederholen der letzten Aktion
`Strg`+`A`	Auswählen aller Elemente auf der aktuellen Seite. Drücken Sie `Strg`+`A` mehrmals, um den markierten Bereich zu vergrößern.
`Strg`+`X`	Ausschneiden des markierten Texts oder Elements
`Strg`+`C`	Kopieren des markierten Texts oder Elements in die Zwischenablage

Eingeben und Bearbeiten von Notizen

`Strg` + `V`	Einfügen des Inhalts aus der Zwischenablage
`Pos1`	Verschieben der Einfügemarke an den Zeilenanfang
`Ende`	Verschieben der Einfügemarke an das Zeilenende
`←`	Verschieben um einen Buchstaben nach links
`→`	Verschieben um einen Buchstaben nach rechts
`Strg` + `←`	Verschieben um ein Wort nach links
`Strg` + `→`	Verschieben um ein Wort nach rechts
`←`	Löschen des Zeichens links neben der Einfügemarke
`Entf`	Löschen des Zeichens rechts neben der Einfügemarke
`Strg` + `←`	Löschen des Worts links neben der Einfügemarke
`Strg` + `Entf`	Löschen des Worts rechts neben der Einfügemarke
`⇧` + `↵`	Einfügen eines Zeilenumbruchs, ohne einen neuen Absatz zu beginnen
`F7`	Überprüfen der Rechtschreibung
`⇧` + `F7`	Öffnen des Thesaurus für das aktuell markierte Wort
`⇧` + `10`	Einblenden des Kontextmenüs für eine Notiz, eine Registerkarte oder ein anderes Objekt, das aktuell den Fokus hat
`Strg` + `⇧` + `W`	Ausführen der auf der Informationsleiste vorgeschlagenen Aktion, sofern sie oben auf einer Seite angezeigt wird

Formatieren von Notizen

`Strg` + `⇧` + `H` oder `Strg` + `Alt` + `H`	Markierten Text gelb hervorheben
`Strg` + `K`	Einfügen eines Hyperlinks
`Strg` + `⇧` + `C`	Kopieren der Formatierung des markierten Texts (Format übertragen)
`Strg` + `⇧` + `V`	Übertragen der Formatierung auf den markierten Text (Format übertragen)
`↵`	Öffnen eines Hyperlinks. Der Cursor muss an beliebiger Stelle im formatierten Hyperlink positioniert sein.

Formatieren von Notizen

`Strg` + `B`	Ausgewählten Text fett formatieren oder Fettformatierung entfernen
`Strg` + `I`	Ausgewählten Text kursiv formatieren oder Kursivformatierung entfernen
`Strg` + `U`	Ausgewählten Text unterstreichen oder Unterstreichung entfernen
`Strg` + `-`	Durchstreichen von markiertem Text oder Entfernen der Durchstreichung des markierten Texts
`Strg` + `⇧` + `=`	Hochstellen von markiertem Text oder Entfernen der Hochstellung des markierten Texts
`Strg` + `=`	Tiefstellen von markiertem Text oder Entfernen der Tiefstellung des markierten Texts
`Strg` + `.`	Formatieren eines ausgewählten Absatzes als Aufzählung oder Entfernen dieser Formatierung
`Strg` + `/`	Anwenden von Nummerierungen auf einen ausgewählten Absatz oder Entfernen dieser Nummerierungen
`Strg` + `Alt` + `1`	Anwenden der Formatvorlage Überschrift 1 auf die aktuelle Notiz
`Strg` + `Alt` + `2`	Anwenden der Formatvorlage Überschrift 2 auf die aktuelle Notiz
`Strg` + `Alt` + `3`	Anwenden der Formatvorlage Überschrift 3 auf die aktuelle Notiz
`Strg` + `Alt` + `4`	Anwenden der Formatvorlage Überschrift 4 auf die aktuelle Notiz
`Strg` + `Alt` + `5`	Anwenden der Formatvorlage Überschrift 5 auf die aktuelle Notiz
`Strg` + `Alt` + `6`	Anwenden der Formatvorlage Überschrift 6 auf die aktuelle Notiz
`Strg` + `⇧` + `N`	Anwenden der Standardformatvorlage auf die aktuelle Notiz
`Alt` + `⇧` + `→`	Einfügen eines Absatzeinzugs von links
`Alt` + `⇧` + `←`	Entfernen eines Absatzeinzugs von links

Formatieren von Notizen

$Strg$ + R	Ausrichten auf der rechten Seite des markierten Absatzes
$Strg$ + L	Ausrichten auf der linken Seite des markierten Absatzes
$Strg$ + $\Diamond$ + $>$	Vergrößern des Schriftgrads des markierten Texts
$Strg$ + $\Diamond$ + $<$	Verkleinern des Schriftgrads des markierten Texts
$Strg$ + $\Diamond$ + N	Löschen aller Formatierungen des markierten Texts
$Strg$ + $\Diamond$ + R	Ein- oder Ausblenden von Hilfslinien auf der aktuellen Seite

Hinzufügen von Elementen zu einer Seite

Alt + I, I	Einfügen eines Dokuments oder einer Datei auf der aktuellen Seite
Alt + I, T	Einfügen eines Dokuments oder einer Datei als Ausdruck auf der aktuellen Seite
Alt + $\Diamond$ + P	Ein- oder Ausblenden von Dokumentausdrucken auf der aktuellen Seite (wenn OneNote im Modus für hohen Kontrast ausgeführt wird)
Alt + I, R	Einfügen eines Bilds aus einer Datei
Alt + I, $Ä$	Einfügen eines Bilds von einem Scanner oder einer Kamera
$\blacksquare$ + S	Einfügen eines Bildschirmausschnitts. Das OneNote-Symbol muss im Infobereich rechts außen auf der Windows-Taskleiste aktiv sein.
Alt + $\Diamond$ + D	Einfügen des aktuellen Datums
Alt + $\Diamond$ + F	Einfügen des aktuellen Datums und der Uhrzeit
Alt + $\Diamond$ + T	Einfügen der aktuellen Uhrzeit
$\Diamond$ + $\hookleftarrow$	Einfügen eines Zeilenumbruchs
Alt + $=$	Ausführen einer mathematischen Gleichung oder Konvertieren des markierten Texts in eine mathematische Gleichung
$\leftrightarrows$	Erstellen einer Tabelle durch Hinzufügen einer zweiten Spalte zu bereits eingegebenem Text
$\leftrightarrows$	Erstellen einer weiteren Spalte in einer Tabelle mit einer einzigen Zeile

Hinzufügen von Elementen zu einer Seite

⏎	Erstellen einer weiteren Zeile, wenn sich der Cursor an der Endzelle einer Tabelle befindet. Drücken Sie die ⏎ ein zweites Mal, um die Tabelle fertig zu stellen.
Strg + ⏎	Erstellen einer Zeile unter der aktuellen Zeile in einer Tabelle
Alt + ⏎	Erstellen eines weiteres Absatzes in derselben Zelle in einer Tabelle
Strg + Alt + R	Erstellen einer Spalte rechts neben der aktuellen Spalte in einer Tabelle
Strg + Alt + E	Erstellen einer Spalte links neben der aktuellen Spalte in einer Tabelle
⏎	Erstellen einer Zeile über der aktuellen Zeile in einer Tabelle (Cursor am Anfang einer beliebigen Zeile)
Entf (zweimal drücken)	Löschen der aktuellen leeren Zeile einer Tabelle (Cursor am Zeilenanfang)

Markieren von Notizen und Objekten

Strg + A	Auswählen aller Elemente auf der aktuellen Seite. Drücken Sie Strg + A mehrmals, um den markierten Bereich zu vergrößern.
⇧ + Ende	Erweitern der Markierung bis zum Zeilenende
⇧ + ↓	Auswählen der ganzen Zeile (Cursor am Zeilenanfang)
Strg + ⇧ + T	Wechseln zum und Markieren des Titels der Seite
Esc	Aufheben der Markierung der ausgewählten Gliederung oder Seite
Alt + ⇧ + ↑	Verschieben des aktuellen Absatzes oder mehrerer ausgewählter Absätze nach oben
Alt + ⇧ + ↓	Verschieben des aktuellen Absatzes oder mehrerer ausgewählter Absätze nach unten
Alt + ⇧ + ←	Verschieben des aktuellen Absatzes oder mehrerer ausgewählter Absätze nach links (Verkleinern des Einzugs)
Alt + ⇧ + →	Verschieben des aktuellen Absatzes oder mehrerer ausgewählter Absätze nach rechts (Vergrößern des Einzugs)

Markieren von Notizen und Objekten

`Strg` + `⇧` + `-`	Markieren des aktuellen Absatzes und der untergeordneten Absätze
`Entf`	Löschen der markierten Notiz oder des markierten Objekts
`Pos1`	Verschieben der Einfügemarke an den Zeilenanfang
`Ende`	Verschieben der Einfügemarke an das Zeilenende
`←`	Verschieben um einen Buchstaben nach links
`→`	Verschieben um einen Buchstaben nach rechts
`Alt` + `←`	Zurückwechseln zur zuletzt besuchten Seite
`Alt` + `→`	Wechseln zur nächsten Seite, die besucht werden soll
`Strg` + `Alt` + `P`	Starten der Wiedergabe einer ausgewählten Audio- oder Videoaufzeichnung
`Strg` + `Alt` + `S`	Starten der Wiedergabe einer ausgewählten Audio- oder Videoaufzeichnung
`Strg` + `Alt` + `Y`	Zurückspulen der aktuellen Audio- oder Videoaufzeichnung um ein paar Sekunden
`Strg` + `Alt` + `U`	Vorspulen der aktuellen Audio- oder Videoaufzeichnung um ein paar Sekunden

Arbeiten mit Kategorien

`Strg` + `1`	Anwenden, Markieren oder Entfernen der Kategorie *Aufgaben*
`Strg` + `2`	Anwenden oder Entfernen der Kategorie *Wichtig*
`Strg` + `3`	Anwenden oder Entfernen der Kategorie *Frage*
`Strg` + `4`	Anwenden oder Entfernen der Kategorie *Für später vormerken*
`Strg` + `5`	Anwenden oder Entfernen der Kategorie *Definition*
`Strg` + `6`	Anwenden oder Entfernen einer benutzerdefinierten Kategorie
`Strg` + `7`	Anwenden oder Entfernen einer benutzerdefinierten Kategorie
`Strg` + `8`	Anwenden oder Entfernen einer benutzerdefinierten Kategorie
`Strg` + `9`	Anwenden oder Entfernen einer benutzerdefinierten Kategorie
`Strg` + `0`	Entfernen aller Notizkategorien aus den markierten Notizen

Verwenden von Gliederungen

`Alt` + `⇧` + `1`	Anzeigen bis Ebene 1
`Alt` + `⇧` + `2`	Erweitern bis Ebene 2
`Alt` + `⇧` + `3`	Erweitern bis Ebene 3
`Alt` + `⇧` + `4`	Erweitern bis Ebene 4
`Alt` + `⇧` + `5`	Erweitern bis Ebene 5
`Alt` + `⇧` + `6`	Erweitern bis Ebene 6
`Alt` + `⇧` + `7`	Erweitern bis Ebene 7
`Alt` + `⇧` + `8`	Erweitern bis Ebene 8
`Alt` + `⇧` + `9`	Erweitern bis Ebene 9
`Alt` + `⇧` + `0`	Erweitern aller Ebenen
`⇥`	Vergrößern des Einzugs um eine Ebene
`⇧` + `⇥`	Verkleinern des Einzugs um eine Ebene
`Alt` + `⇧` + `+`	Erweitern einer reduzierten Gliederung
`Alt` + `⇧` + `-`	Reduzieren einer erweiterten Gliederung

Organisieren und Verwalten des Notizbuchs

Arbeiten mit Seiten und Randnotizen

`F11`	Aktivieren oder Deaktivieren der Ganzseitenansicht
`Strg` + `M`	Öffnen eines neuen OneNote-Fensters
`Strg` + `⇧` + `M`	Öffnen eines kleinen OneNote-Fensters zum Erstellen einer Randnotiz
`Strg` + `⇧` + `*`	Vergrößern oder Verkleinern der Registerkarten einer Seitengruppe
`Strg` + `P`	Drucken der aktuellen Seite
`Strg` + `N`	Hinzufügen einer neuen Seite am Ende des markierten Abschnitts
`Strg` + `Alt` + `N`	Erstellen einer neuen Seite unter dem aktuellen Seitenregister auf derselben Ebene

Arbeiten mit Seiten und Randnotizen

`Strg`+`⇧`+`Alt`+`N`	Erstellen einer neuen Unterseite unter der aktuellen Seite
`Strg`+`A`	Markieren aller Elemente. Drücken Sie `Strg`+`A` mehrmals, um den markierten Bereich zu vergrößern.
`Strg`+`⇧`+`A`	Markieren der aktuellen Seite. Gehört die markierte Seite zu einer Gruppe, drücken Sie `Strg`+`A`, um alle Seiten in der Gruppe auszuwählen.
`Alt`+`⇧`+`↑`	Verschieben des markierten Seitenregisters nach oben
`Alt`+`⇧`+`↓`	Verschieben des markierten Seitenregisters nach unten
`Strg`+`⇧`+`T`	Verschieben der Einfügemarke zum Seitentitel
`Alt`+`Bild↑`	Wechseln zur ersten Seite in der derzeit sichtbaren Gruppe von Seitenregistern
`Alt`+`Bild↓`	Wechseln zur letzten Seite in der derzeit sichtbaren Gruppe von Seitenregistern
`Bild↑`	Auf der aktuellen Seite einen Bildlauf nach oben durchführen
`Bild↓`	Auf der aktuellen Seite einen Bildlauf nach unten durchführen
`Strg`+`Pos1`	Durchführen eines Bildlaufs an den Anfang der aktuellen Seite
`Strg`+`Ende`	Durchführen eines Bildlaufs an das Ende der aktuellen Seite
`Strg`+`↓`	Wechseln zum nächsten Absatz
`Strg`+`↑`	Wechseln zum vorhergehenden Absatz
`Strg`+`Alt`+`↑`	Bewegen der Einfügemarke auf der aktuellen Seite nach oben oder Erweitern der Seite nach oben
`Strg`+`Alt`+`↓`	Bewegen der Einfügemarke auf der aktuellen Seite nach unten oder Erweitern der Seite nach unten
`Strg`+`Alt`+`←`	Bewegen der Einfügemarke auf der aktuellen Seite nach links oder Erweitern der Seite nach links
`Strg`+`Alt`+`→`	Bewegen der Einfügemarke auf der aktuellen Seite nach rechts oder Erweitern der Seite nach rechts
`Alt`+`↓`	Wechseln zum nächsten Notizencontainer
`Pos1`	Wechseln zum Zeilenanfang

Arbeiten mit Seiten und Randnotizen

`Ende`	Wechseln zum Zeilenende
`←`	Verschieben um einen Buchstaben nach links
`→`	Verschieben um einen Buchstaben nach rechts
`Alt`+`←`	Zurückwechseln zur zuletzt besuchten Seite
`Alt`+`→`	Wechseln zur nächsten Seite, die besucht werden soll
`Alt`+`Strg`+`+` (auf der Zehnertastatur) oder `Alt`+`Strg`+`⇧`+`+`	Vergrößern
`Alt`+`Strg`+`-` (auf der Zehnertastatur) oder `Alt`+`Strg`+`⇧`+`-`	Verkleinern
`Strg`+`S`	Speichern von Änderungen. Während der Ausführung von OneNote werden Notizen automatisch nach jedem Ändern gespeichert. Es ist nicht erforderlich, Notizen manuell zu speichern.

Arbeiten mit Notizbüchern und Abschnitten

`Strg`+`T`	Erstellen eines neuen Abschnitts
`Strg`+`O`	Öffnen eines Notizbuchs
`Strg`+`Alt`+`⇧`+`O`	Öffnen eines Abschnitts
`Strg`+`⇥`	Wechseln zum nächsten Abschnitt
`Strg`+`⇧`+`⇥`	Wechseln zum vorhergehenden Abschnitt
`Strg`+`Bild↓`	Wechseln zur nächsten Seite im Abschnitt
`Strg`+`Bild↑`	Wechseln zur vorhergehenden Seite im Abschnitt
`Alt`+`Pos1`	Wechseln zur ersten Seite im Abschnitt
`Alt`+`Ende`	Wechseln zur letzten Seite im Abschnitt
`Alt`+`Bild↑`	Wechseln zur ersten Seite in der derzeit sichtbaren Gruppe von Seitenregistern
`Alt`+`Bild↓`	Wechseln zur letzten Seite in der derzeit sichtbaren Gruppe von Seitenregistern

Arbeiten mit Notizbüchern und Abschnitten

`Strg` + `Alt` + `M`	Verschieben oder Kopieren der aktuellen Seite
`Strg` + `Alt` + `G`	Setzen des Fokus auf das aktuelle Seitenregister
`Strg` + `⇧` + `A`	Markieren des aktuellen Seitenregisters
`Strg` + `⇧` + `G`	Setzen des Fokus auf das aktuelle Abschnittsregister
`Strg` + `⇧` + `G`, `⇧` + `F10`, `M`	Verschieben des aktuellen Abschnitts
`Strg` + `G`, dann zum Auswählen eines anderen Notizbuchs `↓` oder `↑` benutzen und anschließend `↵` drücken	Wechseln zu einem anderen Notizbuch auf der Navigationsleiste

Durchsuchen von Notizen

`Strg` + `E`	Verschieben der Einfügemarke in das Feld Suchen zum Durchsuchen aller Notizbücher
`↓`	Anzeigen einer Vorschau des nächsten Ergebnisses beim Durchsuchen aller Notizbücher
`↵`	Wechseln zum ausgewählten Ergebnis beim Durchsuchen aller Notizbücher und Beenden der Suche
`Strg` + `E`, `⇥`, `Leertaste`	Ändern des Suchbereichs
`Alt` + `O` nach dem Suchvorgang	Öffnen des Suchergebnisbereichs
`Strg` + `F`	Nur die aktuelle Seite durchsuchen. Sie können durch Drücken von `Strg` + `E` oder `Strg` + `F` jederzeit zwischen den Suchvorgängen wechseln, um alle Bereiche oder nur die aktuelle Seite zu durchsuchen.
`↵` oder `F3`	Wechseln zum nächsten Ergebnis, während die aktuelle Seite durchsucht wird
`⇧` + `F3`	Wechseln zum vorherigen Ergebnis, während die aktuelle Seite durchsucht wird
`Esc`	Beenden der Suche und Zurückwechseln zur Seite

Freigeben von Notizen für andere Benutzer und andere Programme

Tastenkombination	Beschreibung
`Strg` + `⇧` + `E`	Senden der ausgewählten Seiten in einer E-Mail-Nachricht
`Strg` + `⇧` + `1`	Erstellen einer Outlook-Aufgabe des Typs *Heute* aus der aktuell ausgewählten Notiz
`Strg` + `⇧` + `2`	Erstellen einer Outlook-Aufgabe des Typs *Morgen* aus der aktuell ausgewählten Notiz
`Strg` + `⇧` + `3`	Erstellen einer Outlook-Aufgabe des Typs *Diese Woche* aus der aktuell ausgewählten Notiz
`Strg` + `⇧` + `4`	Erstellen einer Outlook-Aufgabe des Typs *Nächste Woche* aus der aktuell ausgewählten Notiz
`Strg` + `⇧` + `5`	Erstellen einer Outlook-Aufgabe des Typs *Kein Datum* aus der aktuell ausgewählten Notiz
`Strg` + `⇧` + `K`	Öffnen der ausgewählten Outlook-Aufgabe
`Strg` + `⇧` + `9`	Markieren der ausgewählten Outlook-Aufgabe als erledigt
`Strg` + `⇧` + `0`	Löschen der ausgewählten Outlook-Aufgabe
`⇧` + `F9`	Synchronisieren von Änderungen im aktuellen freigegebenen Notizbuch
`F9`	Synchronisieren von Änderungen in allen freigegebenen Notizbüchern
`Strg` + `Q`	Markieren der aktuellen Seite als *ungelesen*

Index

Die gesamte Taschenbibliothek und viele weitere
Bücher finden Sie unter **www.oreilly.de**

 **Newsletter:**
www.oreilly.de/newsletter

 **Blog:**
community.oreilly.de/blog

 **Facebook:**
facebook.com/oreilly.de

 **Google+:**
bit.ly/googleplus_oreillyverlag

 **Twitter:**
twitter.com/oreilly_verlag

O'Reilly Verlag GmbH & Co. KG
Balthasarstraße 81, 50670 Köln